Heike Kügler-Anger

Vegetarisches fürs Fest

Heike Kügler-Anger

Vegetarisches fürs Fest

Weihnachtliche Rezepte aus aller Welt

pala

Für meinen Vater. In liebevoller Erinnerung.

Inhalt

Weihnachten – das Fest der Liebe

Erinnern Sie sich noch an Ihr schönstes Weihnachtsfest? War es das Weihnachten, an dem Sie endlich die lang ersehnte Sprechpuppe unter dem Tannenbaum vorfanden? Oder war es eher die schnittige Rennbahn? Vielleicht erinnern Sie sich am liebsten an das Weihnachten, an dem Sie das erste Mal in die strahlenden Augen Ihres Kindes schauen durften?

Ich darf mich zu den Glücklichen zählen, die seit den Kindheitstagen viele schöne Weihnachten verbracht haben. Das schönste war mit Sicherheit jedoch jenes, an dem ein paar Tage vor dem Fest über Nacht ein großer, mit dunkler Folie abgedeckter Kasten auf dem Balkon auftauchte. Wenn ich mich auf die Zehenspitzen stellte, konnte ich den Kasten vom Fenster meines Kinderzimmers aus genau sehen. Beinahe Stunden verbrachte ich in dieser Position, um herauszufinden, was der Kasten in seinem Inneren verbergen könnte. Auf die Idee, einfach nachzusehen, bin ich nie gekommen.

Ich war (wie ich nun behaupte) ein braves Kind. Und brave Kinder wissen, dass das Christkind nur dann Geschenke bringt, wenn man die eigene Neugier im Zaum hält. Voller Ungeduld fieberte ich dem Heiligen Abend entgegen. Die Stunden bis zur Bescherung vergingen qualvoll langsam. Dann endlich läutete das Glöckchen und die Tür zum festlich geschmückten Wohnzimmer öffnete sich. Mein kleines Herz holperte und polterte. Würde gleich mein sehnlichster Wunsch in Erfüllung gehen? Bald waren alle Geschenke ausgepackt: die Puppe und Bücher, die von meiner Oma gestrickten Socken und Mütze, die Legosteine und Farbstifte. Was blieb, war ein großes, rechteckiges Paket, das nicht in Weihnachtspapier, sondern in eine Decke eingeschlagen war. Und der große Kasten auf dem Balkon. »Möchtest du nicht dein letztes Geschenk öffnen?«, fragte meine Oma. Ich wollte. Und wollte andererseits nicht. Denn würde das, was ich mir gewünscht hatte, wirklich in das Paket unter der Decke passen? Mit zitternden Fingern löste ich die Decke. Als diese zu Boden fiel, schaute mich ein blauer Wellensittich schläfrig von seiner Stange an. Im ersten Moment wäre ich am liebsten in Tränen ausgebrochen. Ich hatte dem Christkind doch tausend, ja abertausend Mal mitgeteilt, dass ich ein Pony wollte. Mit kakaobraunem Fell und schwarzer Mähne. Und was hatte es mir stattdessen gebracht? Einen mickrigen Wellensittich! Was für eine Enttäuschung! Den Gesichtern der Erwachsenen war anzusehen, dass sie irgendeine – vorzugsweise positive – Reaktion von mir erwarteten. Das brave Kind in mir schluckte seine Tränen herunter und sagte Danke. Als meine Mutter begann, die Weihnachtsbowle auszuteilen, verzog ich mich mit dem Wellensittich auf mein Zimmer. Enttäuschung hin oder her, es war an der Zeit, sich miteinander bekannt zu machen. Schließlich war dieses kleine blaue Federbündel in meine Obhut und Verantwortung übergegangen. Innerhalb von Minuten hatten wir, der Wellensittich und ich, uns »ausgesprochen«. Von da an sollte Pitti einer meiner besten und treuesten Freunde werden. Als Pitti irgendwann in den Vogelhimmel abberufen wurde, war ich untröstlich. Ich trauerte von ganzem Herzen um meinen kleinen blauen Begleiter. Das Pony, das ich mir so lange gewünscht hatte, war längst vergessen.

Heute verbringe ich Weihnachten im Kreis von zwei- und vierbeinigen Freunden. Und obwohl ich inzwischen der festen Überzeugung bin, dass Tiere nicht auf den Gabentisch gehören, möchte ich diese kindliche Erfahrung nicht missen. Sie hat mich gelehrt, dass Tiere unserer Achtung und unseres Schutzes bedürfen. Dass es sich lohnt, Verantwortung zu übernehmen. Und dass alle Geschöpfe dieser Erde gleich wertvoll sind. Gerade zu Weihnachten, zum Fest der Liebe, sollten wir diesem Gedanken Rechnung tragen. Ein Ausdruck dieser Liebe ist es, weniger oder noch besser gar kein Fleisch zu verzehren.

Mit diesem Buch lade ich Sie auf eine kulinarische Weihnachtsrundreise durch zwölf Länder ein, die mit ihren landestypischen vegetarischen Festtagsgerichten Ihre Festtagsküche bereichern werden. Sie werden feststellen, dass Weihnachten jenseits von Gans und Braten ganz himmlisch schmeckt. Die Tiere, unsere Mitgeschöpfe, werden es Ihnen auf jeden Fall danken.

In diesem Sinne wünsche ich Ihnen frohe und friedliche Weihnachten.

PS: Falls Sie wissen möchten, was sich in dem Kasten auf dem Balkon befand: Es war ein Bausatz für ein Vogelhaus, an dem ich mich ebenfalls viele Jahre erfreute.

Hinweise zu den Rezepten

Wenn nicht anders angegeben, sind die Rezepte für **vier Personen** berechnet.

Verwendete Abkürzungen

EL = Esslöffel (gestrichen)
TL = Teelöffel (gestrichen)
Msp = Messerspitze
ml = Milliliter
l = Liter
g = Gramm
kg = Kilogramm

Menge der Gewürze

Die Angaben zu den Mengen der verwendeten Gewürze, der verwendeten Knoblauchzehen und Zwiebeln sind Durchschnittswerte. Prüfen Sie bitte im Einzelfall, was Ihnen schmeckt und bekommt und wie viel Sie verwenden möchten.

Ich empfehle in den Rezepten (grobes) Meersalz. Selbstverständlich steht es Ihnen frei, anderes Speisesalz zu verwenden. Bitte dosieren Sie in diesem Fall vorsichtig und würzen Sie lieber nach.

Zu den Backtemperaturen

Alle für den Backofen angegebenen Temperaturen gelten, sofern nicht anders angegeben, für einen **Elektroofen mit Umluftfunktion.** Bei Gasbacköfen oder Elektroöfen ohne Umluft beachten Sie bitte die Angaben des Herstellers und entnehmen Sie die Temperatur aus der Bedienungsanleitung.

Bei Angabe der Garzeiten für den Backofen wird, sofern im Rezept nicht ausdrücklich anders erwähnt, von einem **vorgeheizten Backofen** ausgegangen.

Merry Christmas!

Großbritannien

Von Mistelzweigen, Strümpfen und Knallbonbons

Vor langer Zeit, genauer gesagt in der Mitte des 17. Jahrhunderts, war Weihnachten in einem Teil des heutigen Großbritanniens zwölf Jahre lang verboten, weil es die damals Herrschenden als heidnisches Fest bewerteten. Heute ist Weihnachten für die Briten das wichtigste christliche Fest, das sich von Jahr zu Jahr früher ankündigt. Mitunter werden die ersten Schaufenster schon Ende Oktober mit Tannenzweigen und Lichterketten geschmückt. Offiziell beginnt die Weihnachtszeit erst Anfang Dezember, wenn eine schiere Flut von Weihnachtskarten verschickt und von den Empfängern mit Stolz bis zum Ende der Festzeit auf den Kaminsimsen präsentiert wird. Etwa zur gleichen Zeit beginnt auch das traditionelle *Carol Singing,* bei dem Gruppen von Kindern durch die Straßen ziehen, Weihnachtslieder singen und damit Spenden für wohltätige Zwecke sammeln.

Aus heidnischer Zeit hat sich der Brauch erhalten, Häuser und Wohnungen mit Mistelzweigen, Efeu und Stechpalme zu schmücken. Den keltischen Druiden galt die Mistel als magische Pflanze, die der Göttin der Liebe gewidmet war. Seit dem Viktorianischen Zeitalter darf ein (vorzugsweise) Gentleman, wenn er eine Lady unter dem Mistelzweig antrifft, von dieser einen Kuss einfordern. Prinz Albert, Gemahl von Königin Viktoria, brachte 1841 eine bunt geschmückte Tanne aus Deutschland mit. Seitdem gehören der Weihnachtsbaum und das traditionelle Weihnachtsessen zum Fest. Der größte Weihnachtsbaum Großbritanniens wird jedes Jahr auf dem Trafalgar Square in London aufgestellt.

Am Weihnachtsabend, dem 24. Dezember, hängen die Kinder ihre Strümpfe an den Kaminsims oder an das Fußende ihres Bettes, weil in der Nacht *Father Christmas* erwartet wird. Dieser bindet seinen von Rentieren gezogenen Schlitten am Schornstein fest und saust durch den Kamin, um die Strümpfe mit Süßigkeiten zu füllen und die Geschenke auf dem Gabentisch abzulegen. Als Dank dafür werden ihm ein Teller mit Küchlein, ein Glas Brandy und für die Rentiere eine Karotte hingestellt. Sind diese Offerten am frühen Morgen des Weihnachtstages verschwunden, gilt dies als Beweis, dass *Father Christmas* im Haus gewesen ist. Selbstverständlich hält es am Weihnachtstag kein Kind lange im Bett aus, sodass schon früh die Geschenke geöffnet und die Kerzen am Weihnachtsbaum entzündet werden.

Nach dem Festgottesdienst wird das Weihnachtsessen aufgetischt. Knapp neunzig Prozent der Briten servieren dazu gefüllten Truthahn in Kombination mit Röstgemüse, Kartoffeln und Brotsauce. Als Nachtisch gibt es den reichhaltigen, aus getrockneten Früchten, Rosinen und traditionell Nierenfett zubereiteten Plumpudding. Weil dieser Pudding ziemlich schwer im Magen liegen kann, wird ihm in manchen Familien ein leichteres Dessert wie *Mincemeat*-Tarte (siehe Seite 20) oder Haferflocken-Himbeer-Creme (siehe Seite 22) vorgezogen. Erfreulicherweise nimmt die Zahl der Vegetarier gerade in Großbritannien stetig zu, sodass für Freunde der fleischlosen Kost viele schmackhafte Alternativen zum Truthahn bestehen. Ganz gleich, ob das Weihnachtsessen mit oder ohne Fleisch genossen wird, ist es auf jeden Fall eine heitere Angelegenheit. Neben jedes Gedeck wird ein *Christmas Cracker*, ein Knallbonbon, platziert, das beim Auseinanderziehen explodiert und ein Papierkrönchen sowie ein kleines Geschenk freigibt. Mit dem Krönchen auf dem Kopf setzt man das Essen fort.

Am zweiten Weihnachtsfeiertag, der *Boxing Day* genannt wird, werden Freunde oder Verwandte besucht, mit denen man es sich wiederum am festlich gedeckten Tisch gut gehen lässt. Obwohl *Boxing Day* eigentlich ein Feiertag ist, leiten an diesem Tag die großen Einkaufszentren seit einigen Jahren den traditionellen Jahresschlussverkauf ein.

Sahnige Safransuppe

2 mittelgroße Zwiebeln
4 mittelgroße Kartoffeln
800 ml Milch
1 TL Meersalz
1 Briefchen Safran (0,1 g)
100 g geriebener Cheddar oder mittelalter Gouda
2 EL fein gehackter Thymian
200 ml Sahne
Meersalz
frisch gemahlener weißer Pfeffer

- Zwiebeln schälen und fein hacken, Kartoffeln schälen und würfeln. Beides in einen Suppentopf geben. 400 ml Milch sowie das Salz dazugeben.
- Die Zwiebeln und Kartoffeln unter gelegentlichem Rühren bei mittlerer Temperatur in etwa 20 Minuten weich kochen. Dabei darauf achten, dass die Milch nicht überkocht.
- Den Topf vom Herd nehmen und das Gemüse mit dem Pürierstab fein pürieren. Die verbliebenen 400 ml Milch hinzufügen und nochmals pürieren.
- Den Topf zurück auf den Herd geben und die Suppe unter ständigem Rühren zum Kochen bringen. Kurz aufwallen lassen, dann die Temperatur reduzieren und die Suppe 3 bis 4 Minuten köcheln lassen.
- Von der Suppe zwei bis drei Esslöffel Flüssigkeit abnehmen und den Safran darin verrühren. Den angerührten Safran zur Suppe geben.
- Cheddar und Thymian unterrühren und die Suppe unter Rühren so lange köcheln, bis der Käse geschmolzen ist.
- Die Sahne hinzugeben und die Suppe nochmals 3 bis 4 Minuten ziehen lassen.
- Mit Salz und Pfeffer abschmecken und servieren.

Sherry-Stilton-Creme

5 EL Walnusskerne
1 große Zwiebel
2 – 3 EL Butter oder Rapsöl
200 g Blue Stilton oder Roquefort
50 ml Sahne
3 – 4 EL trockener Sherry oder Portwein
oder 3 EL ungesüßter Apfelsaft
mit 1 TL weißen Balsamessig
1 EL Zitronensaft
1 TL abgeriebene Zitronenschale
½ Bund krause Petersilie
Meersalz
frisch gemahlener weißer Pfeffer

- Die Walnusskerne in der trockenen Pfanne kurz anrösten, dann mittelfein hacken.
- Die Zwiebel schälen, fein hacken und in der Butter glasig dünsten. Danach etwas abkühlen lassen.
- Den Blue Stilton grob würfeln und zusammen mit der Zwiebel, Sahne, dem Sherry, Zitronensaft und der abgeriebenen Zitronenschale in ein hochwandiges Rührgefäß geben.
- Mit dem Pürierstab zu einer feinen Creme pürieren.
- Die Petersilie fein hacken und zusammen mit den Walnusskernen unter die Creme ziehen.
- Die Creme mit Salz und Pfeffer abschmecken und vor dem Servieren 30 Minuten im Kühlschrank ziehen lassen.

Tipp: Falls Ihnen Blue Stilton oder Roquefort geschmacklich zu intensiv ist, können Sie nach Belieben milderen Blauschimmelkäse verwenden. Servieren Sie die Sherry-Stilton-Creme zu den Käse-Kräuter-Scones (siehe Seite 16).

Käse-Kräuter-Scones

Für etwa 18 Scones
300 g Weizenmehl (Type 1050)
3 TL Weinsteinbackpulver
1 TL Meersalz
1 – 2 Knoblauchzehen nach Belieben
100 g geriebener Cheddar oder mittelalter Gouda
1 Ei
5 EL Sonnenblumenöl
4 EL fein gehackte krause Petersilie
1 EL fein gehackter Thymian
1 EL fein gehackter Majoran
frisch gemahlener weißer Pfeffer
100 ml Milch
1 Eigelb
1 EL Wasser

❄ Das Weizenmehl mit dem Backpulver und Salz vermischen.
❄ Nach Belieben Knoblauch schälen und fein zerdrücken.
❄ Den geriebenen Cheddar, das Ei, Sonnenblumenöl, die gehackten Kräuter und gegebenenfalls den Knoblauch unter das Mehl rühren. Mit etwas Pfeffer würzen.
❄ Die Milch dazugeben und alles zu einem geschmeidigen Teig verkneten.
❄ Den Teig auf der bemehlten Arbeitsfläche gut ein Zentimeter dick ausrollen und mit einem kleinen, umgedrehten Wasserglas Scones ausstechen. Die Scones auf ein mit Backpapier ausgelegtes Backblech legen.
❄ Das Eigelb mit dem Wasser verrühren und die Scones damit bestreichen.

- Die Scones im Backofen bei 180 °C etwa 20 Minuten backen, bis die Oberflächen leicht gebräunt sind.
- Heiß oder auch kalt zur Sherry-Stilton-Creme (siehe Seite 15) servieren.

Tipp: Die Scones lassen sich prima im Voraus backen und auf Vorrat einfrieren. Entnehmen Sie zum Fest die gewünschte Menge an Scones und wärmen Sie die komplett aufgetauten Scones im Backofen bei 180 °C 3 bis 4 Minuten an.

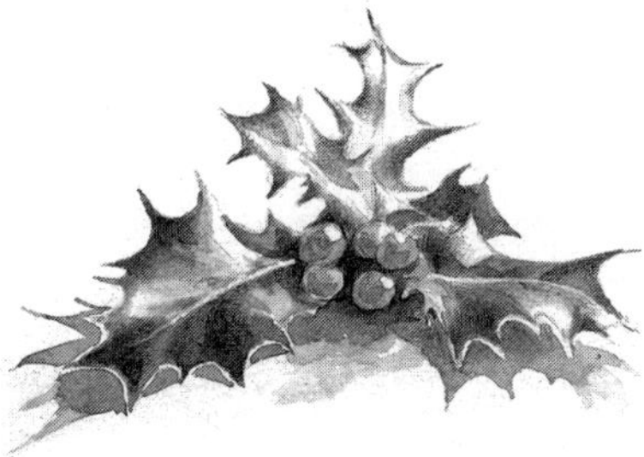

Lauch-Käse-Crumble

1 Zwiebel
1 – 2 Knoblauchzehen
2 – 3 EL Butter oder Rapsöl
1,2 kg Lauch
2 Äpfel
2 TL grobkörniger Senf
1 – 2 TL gekörnte Gemüsebrühe
2 – 3 Msp frisch geriebene Muskatnuss
4 EL fein gehackte krause Petersilie
2 EL fein gehackter Majoran
150 ml Sahne
Meersalz
frisch gemahlener schwarzer Pfeffer
100 g Haselnusskerne
100 g geriebener Chester, alter Gouda oder Comté
50 g Semmelbrösel
Butter oder Öl für die Auflaufform
100 ml Gemüsebrühe

❄ Die Zwiebel und den Knoblauch schälen, fein hacken und in der heißen Butter anschwitzen.
❄ Den Lauch in feine Scheiben schneiden und zur Zwiebel-Knoblauch-Mischung in den Topf geben. So lange schmoren, bis er in sich zusammenfällt.
❄ Die Äpfel vierteln, entkernen und mundgerecht würfeln. Dann zusammen mit Senf, Gemüsebrühe und Muskat zum Lauch geben.
❄ Das Gemüse bei mittlerer Temperatur 6 bis 7 Minuten schmoren, bis die Äpfel weich sind.
❄ Danach die Petersilie, den Majoran und die Sahne unterrühren und das Lauchgemüse mit Salz und Pfeffer abschmecken. Nochmals 4 bis 5 Minuten schmoren.

- Die Haselnusskerne in der trockenen Pfanne kurz anrösten. Etwas abkühlen lassen, danach mittelfein hacken.
- Die Haselnusskerne mit dem Chester und den Semmelbröseln vermischen.
- Das Lauchgemüse in eine gefettete Auflaufform geben, glatt streichen und mit der Käse-Nuss-Mischung überstreuen. Mit der Gemüsebrühe überträufeln.
- Den Auflauf im Backofen bei 200 °C 20 bis 25 Minuten backen, bis die Oberfläche schön gebräunt ist.

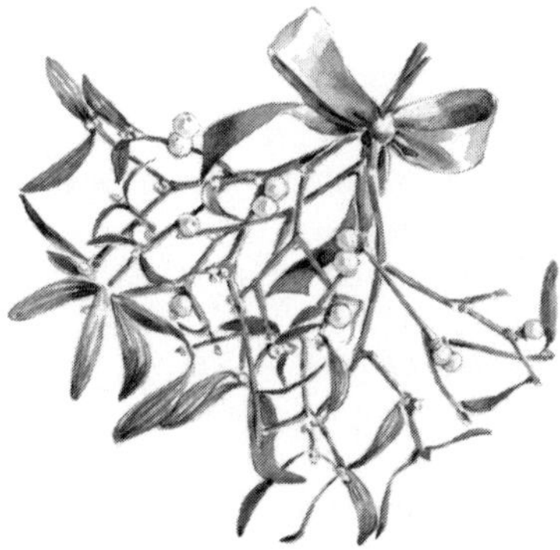

Mincemeat-Tarte mit Mandelkrümeln

Für 1 Tarteform (27 cm Durchmesser)

Mincemeat
100 ml lieblicher Cidre oder süßer Apfelsaft
75 g Roh-Rohrzucker
50 g Korinthen
50 g Sultaninen
50 g fein gewürfeltes Zitronat
50 g fein gewürfeltes Orangeat
50 g Belegkirschen oder getrocknete Cranberrys
100 g gehackte Mandeln
2 Äpfel
½ unbehandelte Zitrone
½ unbehandelte Orange
½ TL Lebkuchengewürz
2 TL Johannisbrotkernmehl
40 ml Weinbrand oder schwarzer Tee mit etwas Rumaroma

Butter oder Öl für die Tarteform
250 g Blätterteig,
frisch oder tiefgekühlt und aufgetaut

Mandelkrümel
80 g blanchierte, gemahlene Mandeln
80 g Weizenmehl (Type 1050)
50 g Roh-Rohrzucker
1 Msp Meersalz
½ TL gemahlener Zimt
60 g weiche Butter oder Margarine

❄ Für das **Mincemeat** den Cidre in einen mittelgroßen Topf geben und bei mittlerer Temperatur langsam erhitzen.

- Den Zucker einrieseln lassen und so lange rühren, bis er sich aufgelöst hat. Korinthen, Sultaninen, Zitronat, Orangeat, Belegkirschen und Mandeln unterrühren.
- Äpfel vierteln, entkernen, fein würfeln und zur Fruchtmischung geben.
- Schalen der Zitrone und Orange abreiben und jeweils den Saft der Zitrone und Orange auspressen. Zitrusschalen und -säfte sowie das Lebkuchengewürz zum Mincemeat geben und einmal kurz aufkochen lassen. Danach die Temperatur reduzieren und das Mincemeat 50 bis 60 Minuten köcheln lassen. Dabei gelegentlich umrühren.
- Nach Beendigung der Kochzeit das Johannisbrotkernmehl und den Weinbrand unterrühren. Das Mincemeat vor der Weiterverwendung abkühlen lassen.
- Eine gut gefettete Tarteform mit dem Blätterteig auskleiden, dabei einen gut drei Zentimeter hohen Rand ausformen.
- Das abgekühlte Mincemeat auf dem Blätterteig verteilen und glatt streichen.
- Für die **Mandelkrümel** die Mandeln mit dem Weizenmehl, dem Zucker, Salz und Zimt verrühren. Die Butter in Flöckchen dazugeben. Die Mischung mit den Fingerspitzen vermischen, sodass sie schön krümelig wird.
- Die Mandelkrümel über das Mincemeat streuen.
- Die Tarte im Backofen bei 180 °C 40 bis 45 Minuten backen.
- Vor dem Servieren abkühlen lassen.

Tipp: Keine Angst! Auch wenn sich hinter *Mincemeat* Hackfleisch zu verbergen scheint, hat das weihnachtliche *Mincemeat* keine Spur von Fleisch in sich, sondern besteht aus einer Fruchtmischung und Alkohol. Das *Mincemeat* schmeckt als Dessert zu Vanilleeis ebenso gut wie zu Joghurt. Da es sich in einem verschließbaren Gefäß im Kühlschrank mindestens eine Woche hält, können Sie die doppelte Menge auf Vorrat zubereiten.

Schottische Haferflocken-Himbeer-Creme

300 g tiefgekühlte Himbeeren
4 – 5 EL (25 – 30 g) gesiebter Puderzucker
75 g zarte Haferflocken
300 ml Sahne
1 Päckchen Bourbonvanillezucker
3 – 4 EL Whisky nach Belieben

❄ Die Himbeeren auftauen lassen und einige Himbeeren zur Dekoration beiseite legen.
❄ Die übrigen Himbeeren vorsichtig mit dem Puderzucker vermischen und 15 Minuten ziehen lassen.
❄ Die Haferflocken auf ein mit Backpapier ausgelegtes Backblech geben und im Backofen bei 200 °C Oberhitze oder Grill kurz anrösten, bis sie leicht goldfarben sind.
❄ Die Sahne mit dem Vanillezucker sehr steif schlagen.
❄ Die gerösteten Haferflocken und gegebenenfalls den Whisky unter die Sahne ziehen.
❄ Himbeeren und Sahnemischung schichtweise in vier hohe Gläser füllen.
❄ Mit den verbliebenen Himbeeren dekorieren.
❄ Die Himbeercreme vor dem Servieren etwa 30 Minuten im Kühlschrank ziehen lassen.

Merry Xmas!

USA

The most wonderful time

Neben *Thanksgiving,* dem Erntedankfest, ist Weichnachten für viele Nordamerikaner der bedeutendste Feiertag. Für kein anderes Fest werden mehr Zeit, Geld und Emotionen aufgebracht. Zu Weihnachten schlägt man in Nordamerika gerne über die Stränge: »Je mehr, desto besser«, lautet an *Xmas made in USA* oft das Motto. Wenn ganze Häuser unter der Last der Lichterketten schier zusammenzubrechen drohen, die Jagd nach Geschenken direkt nach *Thanksgiving* beginnt, erscheint dies für uns Europäer oftmals als ein »Zuviel« oder als »Kitsch«. Die Nordamerikaner jedoch lieben ihr Weihnachten. Für sie ist es die wunderbarste Jahreszeit. Und das alle Jahre wieder.

Dabei gibt es *das* einheitliche Weihnachten in Nordamerika nicht. Die Vereinigten Staaten von Amerika setzen sich aus einer Vielzahl kultureller Volksgruppen zusammen, die alle ihre eigenen Bräuche und Traditionen mit eingebracht haben. So stammen zum Beispiel das Entzünden des Jul-Scheites aus Skandinavien, das Aufhängen von Mistelzweigen aus Großbritannien, das Schmücken der Kaminsimse mit Weihnachtssternen aus Mexiko und das Aufstellen eines Weihnachtsbaumes aus Deutschland.

Selbst *Santa Claus,* wie der Weihnachtsmann in den USA heißt, ist kein waschechter Amerikaner. Holländische Siedler brachten ihren *Sint Nicolaas* oder *Sinterklaas* mit nach New York, das damalige Nieuw Amsterdam. Aus *Sinterklaas* wurde im Laufe der Zeit *Saint Claus* und später *Santa Claus.* Die Rentiere, der Schlitten und der alljährliche Rutsch durch den Kamin wurden 1823 durch den Einfluss eines Gedichtes von Clement Moore hinzugefügt. Eine Werbekampagne aus den dreißiger Jahren des 20. Jahrhunderts hat den in Rot gekleideten, mit weißem Rauschebart geschmückten und stets jovialen *Santa Claus* hervorgebracht. Inzwischen weiß jedes amerikanische Kind, dass *Santa Claus* am Nordpol wohnt, in einem Schlitten von acht Rentieren gezogen wird und in der Nacht vom 24. auf den 25. Dezember die Geschenke durch den Kamin bringt.

Aufgrund der unterschiedlichen Kulturen und verschiedenen Klimazonen kann der Festtagstisch am 25. Dezember, dem einzigen Weihnachtsfeiertag, von Bundesstaat zu Bundesstaat unterschiedlich gedeckt ausfallen. In Nordamerika kommen vor allem gefüllter Truthahn mit Cranberrysauce, Kartoffel- und Kürbispüree sowie Röstgemüse auf den Tisch. Manche Familien ziehen gebackenen Schinken oder Rinderbraten vor. Auf Hawaii wird der Truthahn mit Teriyaki-Sauce und Ananas verfeinert. In Virginia tischt man Austern-Schinken-Pastete auf, in Neuengland zieht man mitunter Maismehlpudding und Kürbisgerichte vor. Nahe der Grenze zu Mexiko kommen auch *Empanadas,* gefüllte Teigtaschen, und *Tamales,* Maismehltaschen, auf den Weihnachtstisch. In den letzten Jahren haben die vegetarische und insbesondere die vegane Ernährung in den USA viele neue Anhänger gewonnen, wodurch sowohl fleischlose als auch tiereiweißfreie Gerichte voll im Weihnachtstrend liegen.

Weil für Nordamerikaner Weihnachten im Kreise der Familie ein absolutes Muss ist und Häuser oder Wohnungen dadurch bis zum Bersten mit Tanten und Onkeln, Cousins und Cousinen wie auch Freunden gefüllt sind, packt jeder bei der Zubereitung des Weihnachtsmahls mit an. Bei Laune hält man sich dabei mit dem Genuss von Eierpunsch oder heißem Apfelwein, sodass Weihnachten in den USA eine sehr fröhliche Angelegenheit ist. Am Tag darauf ist der Spaß allerdings für die meistens schon wieder vorbei, weil der zweite Weihnachtstag in Nordamerika kein offizieller Feiertag ist. Die, die dennoch frei haben, widmen sich einem weiteren traditionellen Weihnachtsbrauch: Da die Geschäfte geöffnet haben, ist es nun an der Zeit, die unpassenden oder ungewollten Geschenke umzutauschen!

Krautsalat in den Weihnachtsfarben

1 große Karotte
1 grüne Paprikaschote
1 rote Paprikaschote
250 g Rotkraut
250 g Weißkraut

Dressing
Saft einer kleinen Zitrone
2 – 3 EL Rapsöl oder Sonnenblumenöl
1 EL weißer Balsamessig
1 EL Roh-Rohrzucker
½ Bund krause Petersilie
100 g saure Sahne

Meersalz
frisch gemahlener schwarzer Pfeffer

- Karotte fein raspeln, Paprikaschoten entkernen und in feine Streifen schneiden. Rot- und Weißkraut mittelfein raspeln.
- Gemüse in eine Schüssel geben und vorsichtig vermischen.
- Für das **Dressing** den Zitronensaft mit dem Rapsöl und dem Balsamessig vermischen. Den Zucker hinzufügen und so lange rühren, bis sich der Zucker aufgelöst hat.
- Die Petersilie fein hacken und zusammen mit der sauren Sahne zum Dressing geben.
- Das Dressing über den Salat gießen und alles vorsichtig vermischen. Mit Salz und Pfeffer abschmecken und mindestens 2 Stunden, noch besser über Nacht ziehen lassen.
- Salat vor dem Servieren noch einmal kurz durchrühren.

Tipp: Da der Salat vor dem Verzehr ziehen sollte, lässt er sich gut schon am Vortag zubereiten.

Geröstete Rosmarinkartoffeln

1 kg etwa gleich große Kartoffeln
Meersalz
Olivenöl für die Auflaufform
1 EL fein gehackter Rosmarin
1 TL Meersalz
frisch gemahlener schwarzer Pfeffer
4 – 5 EL Olivenöl

- Die Kartoffeln unter fließendem Wasser abbürsten (nicht schälen!) und in reichlich Salzwasser bissfest garen.
- Das Wasser abgießen und die Kartoffeln 2 bis 3 Minuten ausdampfen lassen.
- Die Kartoffeln in eine gut gefettete Auflaufform geben.
- Mit Rosmarin und Salz überstreuen und mit etwas Pfeffer würzen.
- Das Olivenöl darüberträufeln und die Rosmarinkartoffeln im Backofen bei 180 °C 30 bis 35 Minuten rösten.

Tipp: Geben Sie die Rosmarinkartoffeln zusammen mit dem Karotten-Nuss-Braten (siehe Seite 28) in den Backofen.

Karotten-Nuss-Braten

Für 1 Kastenbackform (30 cm Länge)
1 Zwiebel
2 Knoblauchzehen
2 – 3 EL Butter oder Rapsöl
4 Karotten (etwa 300 g)
2 Stangen Staudensellerie
100 g Walnusskerne
50 g Sonnenblumenkerne
50 g Semmelbrösel
2 TL Johannisbrotkernmehl
2 EL fein gehackte krause Petersilie
2 EL fein gehackter Thymian
1 EL fein gehackter Rosmarin
Saft einer halben Zitrone
2 Eier
4 EL saure Sahne
1 ½ TL Meersalz
3 – 4 Msp frisch geriebene Muskatnuss
½ TL mildes Currypulver
frisch gemahlener weißer Pfeffer

❄ Zwiebel und Knoblauch schälen, fein hacken und in der Butter anschwitzen. Karotten fein raspeln, Sellerie fein würfeln. Zur Zwiebelmischung geben und etwa 5 Minuten schmoren. Walnusskerne und Sonnenblumenkerne fein mahlen, mit Semmelbröseln und Johannisbrotkernmehl zum Gemüse geben. Kräuter und Zitronensaft unterrühren.

❄ Eier mit saurer Sahne, Salz, Muskat und Currypulver verrühren. Eiermischung unter die Gemüse-Nuss-Masse ziehen. Mit etwas Pfeffer abschmecken.

❄ Eine Kastenform mit Backpapier auskleiden, die Gemüsemasse hineingeben, glatt streichen und im Ofen bei 180 °C 35 bis 40 Minuten backen. Schmeckt auch kalt sehr gut!

Cranberry-Apfel-Sauce

1 kleine Zwiebel
2 EL Butter oder Rapsöl
1 Apfel
200 ml Apfelsaft
150 g getrocknete Cranberrys
100 ml Wasser
2 – 3 EL Weinbrand nach Belieben
frisch gemahlener weißer Pfeffer

❄ Die Zwiebel schälen, fein hacken und in der heißen Butter anschwitzen.
❄ Den Apfel schälen, entkernen und würfeln.
❄ Apfelwürfel mit 100 ml Apfelsaft zur Zwiebel geben und so lange schmoren, bis die Apfelwürfel anfangen zu zerfallen.
❄ Die Cranberrys und weitere 100 ml Apfelsaft dazugeben.
❄ Die Sauce etwa 10 Minuten köcheln lassen.
❄ Den Topf vom Herd nehmen, das Wasser hinzufügen und die Sauce fein pürieren.
❄ Gegebenenfalls den Weinbrand unterrühren.
❄ Die Sauce zurück auf den Herd geben und kurz zum Kochen bringen. Die Temperatur reduzieren und die Sauce nochmals 5 Minuten ziehen lassen.
❄ Mit etwas Pfeffer abschmecken und zum Karotten-Nuss-Braten reichen.

Brotpudding mit Pilzen und Fenchel

1 Zwiebel
2 – 3 EL Butter oder Rapsöl
1 Fenchelknolle
2 Stangen Staudensellerie
250 g braune Champignons
1 ½ TL Meersalz
3 EL fein gehackte krause Petersilie
1 EL fein gehackter Thymian
150 g Weißbrot (gern vom Vortag)
150 ml heiße Gemüsebrühe
3 Eier
4 Msp frisch geriebene Muskatnuss
frisch gemahlener weißer Pfeffer
150 ml Sahne
120 g geriebener Cheddar oder mittelalter Gouda
Butter oder Öl für die Auflaufform

❄ Zwiebel schälen, fein hacken und in der Butter anschwitzen. Fenchel und Staudensellerie fein würfeln. Champignons in dünne Scheiben schneiden.
❄ Fenchel zur Zwiebel geben und kurz anschwitzen. Dann den Staudensellerie dazugeben und ebenfalls anschwitzen.
❄ Die Champignons sowie 1 TL Salz dazugeben. Alles so lange schmoren, bis das Gemüse bissfest gegart ist.
❄ Die Kräuter hinzufügen und die Herdplatte ausschalten.
❄ Weißbrot fein würfeln und mit der Gemüsebrühe übergießen. Etwa 5 Minuten ziehen lassen, bis das Brot die Flüssigkeit aufgesaugt hat.
❄ Die Eier mit ½ TL Salz, Muskat und etwas Pfeffer verquirlen. Die Sahne und 70 g Cheddar zur Eiermischung geben.

❄ Zuerst die Brotmischung, dann das Ei-Sahne-Gemisch unter das Gemüse ziehen. Die Masse in eine gut gefettete Auflaufform geben, glatt streichen und mit dem verbliebenen Käse bestreuen.
❄ Den Brotpudding im Backofen bei 200 °C 25 bis 30 Minuten backen.

Kürbispie

Für 1 Pieform oder Tarteform (27 cm Durchmesser)

Teig
250 g Weizenmehl (Type 1050)
½ TL Weinsteinbackpulver
1 Msp Meersalz
2 EL Roh-Rohrzucker
120 g kalte Butter oder Margarine
etwa 50 ml Eiswasser

Kürbisfüllung
1 kleiner Hokkaidokürbis (900 g – 1 kg)
1 unbehandelte Zitrone
4 Eier
150 g Roh-Rohrzucker
2 TL Johannisbrotkernmehl
2 Msp gemahlener Zimt
2 Msp gemahlener Piment
4 EL saure Sahne

Butter oder Öl für die Pieform oder Tarteform

- Für den **Teig** das Mehl mit den anderen trockenen Zutaten vermischen.
- Die Butter in Flöckchen dazugeben und mit dem Mehl vermischen. Das Eiswasser dazugeben und alles zu einem glatten Teig verkneten.
- Den Teig zur Kugel formen, in Frischhaltefolie einschlagen und in den Kühlschrank geben, bis die Kürbisfüllung zubereitet ist.
- Für die **Kürbisfüllung** den Kürbis halbieren und die Kerne und Fasern auskratzen.

- Den Kürbis in dünne Spalten schneiden und auf ein mit Backpapier ausgelegtes Backblech geben. Den Kürbis im **nicht vorgeheizten** Backofen bei 200 °C 35 bis 40 Minuten backen, bis er weich ist.
- Schale der Zitrone abreiben und den Saft der Zitrone auspressen.
- Die Eier mit dem Zucker schaumig rühren.
- Johannisbrotkernmehl, Zimt, Piment sowie Zitronenschale und saure Sahne zu den Eiern geben.
- Die Kürbisspalten würfeln und zusammen mit dem Zitronensaft fein pürieren.
- Die Eiermasse zum Kürbis geben und nochmals pürieren.
- Den gekühlten Teig gut einen halben Zentimeter dick ausrollen und eine gut gefettete Pieform oder Tarteform mit dem Teig auskleiden.
- Die Kürbismasse auf den Teig geben und glatt streichen.
- Den Kürbispie im Backofen bei 200 °C etwa 50 Minuten backen.

Zimtaprikosen mit karamellisierten Mandeln

300 ml Apfelsaft oder Apfelwein
4 EL Roh-Rohrzucker
200 g getrocknete Aprikosen
1 Zimtstange
2 Gewürznelken
12 getrocknete Datteln
4 EL Roh-Rohrzucker
2 EL Wasser
4 EL gehackte Mandeln

- Apfelsaft und Zucker in einen Topf geben. So lange rühren, bis sich der Zucker aufgelöst hat.
- Die Aprikosen, Zimtstange und Gewürznelken dazugeben. Alles kurz zum Kochen bringen. Die Temperatur reduzieren und so lange köcheln, bis der Apfelsaft um die Hälfte eingekocht ist.
- Die Datteln entsteinen, in feine Scheiben schneiden und in den Topf geben.
- Die Fruchtzubereitung abkühlen lassen.
- Zimtstange und Nelken entfernen und die Zimtaprikosen auf vier Dessertteller verteilen.
- Zucker und Wasser in eine kleine Pfanne geben. So lange unter Rühren erhitzen, bis der Zucker anfängt zu karamellisieren.
- Die Mandeln dazugeben und kurz im Zucker schwenken.
- Die Zimtaprikosen mit den karamellisierten Mandeln überstreuen und servieren.

Tipp: Falls Sie noch einige Extrakalorien verkraften können, harmonieren die Zimtaprikosen wunderbar mit Vanilleeis.

Prettige Kerstdagen!

Niederlande

Schiff ahoi für Sinterklaas

In den Niederlanden ticken die Weihnachtsuhren anders. Wenn hierzulande der alljährliche Weihnachtscountdown kurz vor dem 24. Dezember seinen Höhepunkt erreicht, ist im Land der Windmühlen, Holzschuhe und *Fietsen,* der Fahrräder, längst alles wieder vorbei.

Die Niederlande sind das wohl einzige Land, in dem nicht Weihnachten, sondern das Nikolausfest mit großem Aufwand gefeiert wird. In den Niederlanden wartet man deshalb auch nicht auf das Christkind, sondern auf den mit rotem Bischofsmantel, Bischofsmütze und weißen Handschuhen bekleideten *Sinterklaas.* Und der kommt auf seinem Schimmel nicht vom »Himmel hoch« oder vom Nordpol. Als Schutzpatron der Seeleute landet *Sinterklaas* an einem Samstagnachmittag drei Wochen vor dem 5. Dezember in Begleitung seines Gehilfen *Zwarte Piet,* dem Schwarzen Peter oder Knecht Ruprecht, auf seinem mit Geschenken voll beladenen Schiff aus Spanien an. Warum er gerade aus Spanien kommt und wohin er nach dem Nikolaustag wieder abdampft, weiß kein Niederländer genau zu sagen. Das tut der nationalen Begeisterung für *Sinterklaas* und den damit verbundenen Feierlichkeiten jedoch keinen Abbruch. An vielen Küstenorten stellt man die Szene des anlandenden *Sinterklaas* zur Freude von Groß und Klein nach. Vor allem in der Hauptstadt Amsterdam bereitet man dem Heiligen einen wahrlich königlichen Empfang, weil er dort in einer Prozession zum Königspalast zieht und von einer jubelnden Menschenmenge empfangen wird. Von diesem Tag an dürfen die Kinder ihre Stiefel mit den ausgefüllten Wunschzetteln vor die Türen stellen.

Für alle beginnt nun eine Zeit des intensiven Bastelns und Reimens, denn in den Niederlanden liebt man nicht eine einzelne große Gabe, sondern viele kleine, auf die jeweilige Person zugeschnittene Geschenke. Diese werden in speziellem Nikolauspapier oftmals als Überraschung verpackt und beinhalten außerdem einen kleinen, scherzhaften Reim. Am *Sinterklaasavond,* dem Nikolausvorabend, spitzen die Kinder die Ohren. Wenn es dann endlich laut klopft, stürmen sie zur Tür, um nachzusehen, was *Sinterklaas* in ihre Stiefel gesteckt hat. Neben zahlreichen Geschenken finden sie dort ihre Initialen aus Schokolade, die gleich vernascht werden. Überhaupt liebt man zur Nikolauszeit in den Niederlanden Süßes. Allein von den Schokoladenbuchstaben werden jährlich mehr als zwanzig Millionen Stück verspeist. Dazu kommen noch Goldmünzen aus Schokolade, Pfeffernüsse, Spekulatius, spezielle *Sinterklaas*-Kekse (siehe Seite 44) und das ebenfalls beliebte süße Gewürzbrot (siehe Seite 43).

Nachdem *Sinterklaas* am 6. Dezember mit unbekanntem Ziel aufgebrochen ist, werden die Weihnachtsbäume aufgestellt und die Wohnungen mit Weihnachtsdekorationen sowie blühenden Zimmerpflanzen geschmückt. Im Gegensatz zum *Sinterklaas*-Fest erhält Weihnachten jedoch deutlich weniger Aufmerksamkeit, obwohl in einigen Familien inzwischen auch der Weihnachtsmann und die Bescherung am Heiligen Abend Einzug gehalten haben. Traditionell wird die Geburt Christi mit einem Kirchgang und anschließendem Festessen begangen. Auf den Festtischen geht es dabei eher bunt zu, da die Niederländer neben der heimischen Winterkost mit Grünkohl, Kartoffeln, geräucherter Schinkenwurst oder Hering die indonesische Küche als kulinarisches Erbe ihrer Kolonialzeit schätzen.

Im Land der »Käseköpfe«, wie man die Niederländer liebevoll nach den hölzernen Formen für die Käselaibe nennt, darf der Käse zur Festmahlzeit nicht fehlen. Besonders die länger gereiften und daher kräftig schmeckenden Sorten wie alter Gouda, Old Amsterdam oder Friesekaas harmonieren wunderbar mit dem heimischen Wintergemüse. Käse hat im Land der Windmühlen immer Saison.

Festliche Käsetürmchen

Für 4 Käsetürmchen
12 Scheiben Vollkorntoastbrot
1 rote Paprikaschote
160 g Frischkäse
4 EL Crème fraîche
2 EL fein gehackter Dill
1 TL mildes Paprikapulver
Meersalz
frisch gemahlener weißer Pfeffer
4 große Scheiben Gouda (etwa 160 g)
2 – 3 Stängel Dill

- Die Toastscheiben toasten. Mit einem umgedrehten Saftglas zwölf Kreise aus den Toastscheiben ausstechen.
- Die Paprika vierteln und entkernen. Ein Viertel sehr fein würfeln und mit dem Frischkäse und der Crème fraîche verrühren. Dill und Paprikapulver dazugeben und mit Salz und Pfeffer abschmecken.
- Die Goudascheiben halbieren. Aus den halbierten Scheiben mit einem umgedrehten Saftglas acht Kreise ausstechen.
- Zum Zusammensetzen der vier Käsetürmchen wie folgt verfahren: Jeweils einen Toastkreis mit einem Goudakreis belegen. Einen weiteren Toastkreis auflegen. Diesen mit einem Viertel der Frischkäsecreme bestreichen. Einen weiteren Toastkreis auflegen. Auf diesen einen Goudakreis legen.
- Die Käsetürmchen auf vier Teller platzieren.
- Den Rest der Paprika in dünne Streifen schneiden. Die Paprikastreifen kreisförmig um die Käsetürmchen anordnen.
- Auf jedes Käsetürmchen noch 2 kleine Dillfähnchen legen.

Tipp: Sehr festlich wirken die Türmchen, wenn Sie Toast und Gouda mit einer sternförmigen Plätzchenform ausstechen.

Senf-Käse-Cremesuppe

2 Zwiebeln
2 EL Butter
3 EL grobkörniger Senf
1 l heiße Gemüsebrühe
80 g Edamer
80 g mittelalter Gouda
100 ml trockener Sherry oder ungesüßter Apfelsaft
4 EL saure Sahne
4 EL Frischkäse
4 EL Speisestärke
2 – 3 Msp frisch geriebene Muskatnuss
4 EL fein gehackter Schnittlauch
Meersalz
frisch gemahlener weißer Pfeffer

❄ Die Zwiebeln schälen, fein hacken und in der heißen Butter anschwitzen.
❄ Den Senf und 300 ml heiße Gemüsebrühe dazugeben.
❄ Den Käse reiben und ebenfalls in den Topf geben. Unter Rühren zum Schmelzen bringen.
❄ Den Sherry, die saure Sahne und den Frischkäse dazugeben. Den Rest der Gemüsebrühe hinzufügen und die Suppe unter Rühren zum Kochen bringen.
❄ Vier bis fünf Esslöffel Flüssigkeit von der Suppe abnehmen und die Speisestärke darin glattrühren. Zur Suppe geben.
❄ Die Suppe 3 bis 4 Minuten sprudelnd kochen.
❄ Die Temperatur reduzieren und Muskat und Schnittlauch unterrühren.
❄ Die Suppe 3 bis 4 Minuten ziehen lassen und vor dem Servieren mit Salz und Pfeffer abschmecken.

Kartoffelflan

500 g Kartoffeln
1 TL Meersalz
250 ml Milch
2 Eier
120 g Weizenmehl (Type 1050)
150 g geriebener Edamer
3 EL Röstzwiebeln
3 – 4 Msp frisch geriebene Muskatnuss
4 EL fein gehackte krause Petersilie
Meersalz
frisch gemahlener weißer Pfeffer
Butter oder Öl für die Auflaufform
3 EL Semmelbrösel

❄ Die Kartoffeln schälen und würfeln. Mit Salz und Milch in einen Topf geben und in gut 15 Minuten sehr weich kochen. Danach im Topf zu Brei zerstampfen.
❄ Die Eier verquirlen und unter die Kartoffelmasse rühren.
❄ Mehl und Edamer dazugeben. Die Röstzwiebeln, Muskat und Petersilie unterrühren.
❄ Die Kartoffelmasse mit Salz und Pfeffer abschmecken, in eine gut gefettete Auflaufform geben und glatt streichen.
❄ Mit den Semmelbröseln überstreuen und im Backofen bei 200 °C etwa 30 Minuten backen.

Tipp: Servieren Sie zum Kartoffelflan Würzrotkraut (siehe Seite 41).

Würzrotkraut

2 Zwiebeln
4 Gewürznelken
2 – 3 EL Butter oder Rapsöl
1 großer Kopf Rotkraut (1,1 – 1,2 kg)
150 ml Apfelsaft
4 EL Rosinen
2 Lorbeerblätter
2 EL Zuckerrübensirup
3 Msp gemahlener Piment
3 – 4 Msp gemahlener Zimt
Meersalz
frisch gemahlener schwarzer Pfeffer

- Die Zwiebeln schälen. Eine Zwiebel mit den Gewürznelken spicken. Die andere Zwiebel fein hacken und in der heißen Butter anschwitzen.
- Das Rotkraut in dünne Streifen schneiden oder hobeln und zur Zwiebel in den Topf geben. Rotkraut bei hoher Temperatur kurz anbraten, dann mit dem Apfelsaft ablöschen und die Temperatur reduzieren.
- Die gespickte Zwiebel, Rosinen, Lorbeerblätter, den Zuckerrübensirup sowie Piment und Zimt unterrühren.
- Das Rotkraut unter gelegentlichem Rühren etwa 1 Stunde schmoren.
- Vor dem Servieren die Lorbeerblätter und die gespickte Zwiebel entfernen und das Rotkraut mit Salz und Pfeffer abschmecken.

Tipp: Das Würzrotkraut schmeckt, wie viele winterliche Kohlgerichte, einmal aufgewärmt besonders lecker. Deshalb können Sie das Rotkraut auch am Vortag zubereiten und zum Festmenü wieder aufwärmen.

Reistopf mit Old Amsterdam Käse

1 große Zwiebel
4 EL Butter
1 große Rote Bete
400 g Risottoreis
200 ml trockener Weißwein
oder ungesüßter Apfelsaft mit 1 EL Weißweinessig
etwa 800 ml heiße Gemüsebrühe
120 g geriebener Old Amsterdam Käse
100 g gemahlene Mandeln
2 EL fein gehackter Thymian
4 EL fein gehackte krause Petersilie
Meersalz
frisch gemahlener weißer Pfeffer

❄ Zwiebel schälen, fein hacken und in 2 EL heißer Butter anschwitzen. Rote Bete schälen, raspeln, zur Zwiebel geben und 4 bis 5 Minuten schmoren. Den Deckel auflegen und den Topf vom Herd nehmen.

❄ In einem zweiten Topf die verbliebenen 2 EL Butter erhitzen und den Reis einrieseln lassen. Reis so lange unter Rühren anschwitzen, bis er glasig geworden ist. Mit dem Weißwein ablöschen, die Temperatur etwas reduzieren und den Wein einkochen lassen.

❄ Nach und nach die heiße Gemüsebrühe in kleinen Portionen zum Reis gießen, jeweils einkochen lassen und erst dann wieder nachgießen. Sobald der Reis bissfest gekocht ist, den Old Amsterdam Käse unterrühren. Mandeln und Rote-Bete-Zubereitung zum Reis geben.

❄ Alles unter Rühren gründlich erhitzen. Thymian und 2 EL Petersilie unter den Reis rühren und mit Salz und Pfeffer abschmecken.

❄ Auf Teller verteilen, mit der restlichen Petersilie bestreuen.

Weihnachtliches Gewürzbrot

Für 1 Kastenbackform (30 cm Länge)
400 g Weizenmehl (Type 1050)
120 g Roh-Rohrzucker
2 TL Weinsteinbackpulver
½ TL Backnatron
2 Msp Meersalz
1 TL gemahlener Zimt
4 Msp gemahlene Gewürznelke
3 – 4 Msp frisch geriebene Muskatnuss
2 Msp gemahlener Piment
1 walnussgroßes Stück frischer Ingwer
250 ml Zuckerrübensirup
1 Ei
250 ml Milch

- Die trockenen Zutaten miteinander vermischen.
- Ingwer schälen, sehr fein hacken und unter die Mehlmischung rühren.
- Den Zuckerrübensirup mit dem Ei verquirlen und zur Teigmischung geben. Unter Rühren die Milch hinzufügen, bis ein cremiger Teig entstanden ist.
- Den Teig in eine mit Backpapier ausgelegte Kastenbackform füllen und glatt streichen.
- Teig im Backofen bei 160 °C 80 bis 85 Minuten backen.
- Das Gewürzbrot aus dem Ofen nehmen und 15 Minuten in der Form ruhen lassen. Danach vorsichtig auf ein Kuchengitter stürzen und auskühlen lassen.
- In Frischhaltefolie einwickeln und vor dem Anschneiden mindestens 24 Stunden ruhen lassen.

Tipp: Das Brot lässt sich im Voraus zubereiten, weil es seinen intensiven Geschmack erst nach ein bis zwei Tagen entfaltet.

Sinterklaas-Kekse

Für etwa 40 kleine Kekse
300 g Weizenmehl (Type 1050)
60 g gemahlene Haselnusskerne
2 TL Lebkuchengewürz
½ TL Weinsteinbackpulver
1 Msp Meersalz
100 g weiche Butter oder Margarine
120 g Roh-Rohrzucker
140 g saure Sahne

❄ Die trockenen Zutaten miteinander vermischen.
❄ Die Butter mit dem Zucker schaumig rühren und zur Mehlmischung geben.
❄ Die saure Sahne dazugeben und alles zu einem glatten, geschmeidigen Teig verkneten.
❄ Den Teig zu zwei jeweils etwa zwanzig Zentimeter langen Rollen formen und diese in Frischhaltefolie einschlagen.
❄ Den Teig 2 Stunden in den Kühlschrank oder 30 Minuten ins Tiefkühlfach legen.
❄ Die Teigrollen in etwa ein Zentimeter dicke Scheiben schneiden und diese auf zwei mit Backpapier ausgelegte Backbleche verteilen.
❄ Die Kekse im Backofen bei 180 °C 12 bis 15 Minuten backen, dabei nach der Hälfte der Backzeit wenden.

Tipp: In einer verschließbaren Keksdose halten sich die Kekse etwa zehn Tage, sodass sie auf Vorrat gebacken werden können.

Joyeux Noël!

Frankreich

Vive la fête!

Weihnachten in Frankreich wird intensiver, üppiger, aber auch zeitlich begrenzter gefeiert als hierzulande. Die Vorweihnachtszeit spielt dort, vom Elsass einmal abgesehen, kaum eine Rolle und der Heilige Abend sowie der 26. Dezember sind für die Franzosen normale Arbeitstage.

Am Heiligen Abend versammelt sich die Familie nach der Arbeit zum *Réveillon,* einem ausgedehnten Schlemmermahl. Die Wohnung wird mit Mistelzweigen und Vasen mit blühenden Zweigen von Obstbäumen, die man am 4. Dezember, dem Fest der heiligen Barbara, geschnitten hat, geschmückt. Auch der Weihnachtsbaum, der vom Elsass ausgehend erst nach 1870 Teil des französischen Weihnachtsbrauchtums wurde, darf nicht fehlen. Da gutes Essen und Trinken in Frankreich zum nationalen Kulturgut gehören, wird gerade beim Weihnachtsmahl an nichts gespart: Auf den Festtisch kommen Austern, Gänseleber, Pasteten, Truthahn, gezuckerte Maronen und Champagner. Echte, rein vegetarische Weihnachtsgerichte sind so gut wie unbekannt, weil der Vegetarismus in Frankreich zwar inzwischen ein Thema, nicht aber in der nationalen Esstradition verankert ist. Wer als Vegetarier Weihnachten dennoch *à la française* begehen möchte, kann, wie die folgenden Rezepte zeigen, auf köstliche fleischlose Gerichte zurückgreifen, die in Frankreich mit den für die Jahreszeit typischen Zutaten sowie mit viel Liebe zu einem guten Essen zubereitet werden.

Etwas vegetarierfreundlicher geht es in der Provence zu, wo am Weihnachtsabend traditionell sieben Mahlzeiten und dreizehn Desserts, darunter getrocknete Feigen, Rosinen und Datteln, Nüsse und Mandeln, schwarzer und weißer Nougat, Mandarinen, Orangen und Trauben gereicht werden. Dort, im Süden Frankreichs, wird die alte provenzalische Krippentradition noch sehr gepflegt. Ab dem 4. Dezember werden in den provenzalischen Haushalten wie Kirchen die Krippen aufgebaut, die mit aus Ton angefertigten *Santons,* den »Kleinen Heiligen«, geschmückt werden. Die Krippen stellen ein komplettes Dorfleben dar und können mitunter beachtliche Ausmaße annehmen.

Um Glück und eine gute Ernte für das kommende Jahr zu erbeten, wurde früher in ganz Frankreich ein dickes Holzscheit im Kamin verbrannt, dessen Asche man anschließend auf den Feldern verstreute. Heute, im Zeitalter der Zentralheizung, erinnert der *Bûche de Noël,* der Weihnachtsbaumkuchen in Form eines Holzklotzes, an diese Tradition. Eine leckere, in der Zubereitung weniger zeitintensive Alternative dazu ist die Spekulatiuscreme aus dem Elsass (siehe Seite 56).

Nach dem Weihnachtsmahl geht die ganze Familie zur Mitternachtsmesse. Während der Messe kommt *Père Noël* durch den Kamin ins Haus, um die Geschenke in die bereitgestellten Hausschuhe zu legen. Das fröhliche Geschenkeauspacken beginnt schon früh am Morgen des Weihnachtsfeiertages. In der Bretagne, einem jahrhundertelang eher durch Armut geprägten Landstrich, fanden die Kinder oft nur rote Äpfel und ein Gebäckstück wie Sandgebäck (siehe Seite 54) in ihren Schuhen vor. Heute findet man sich dort wie im Rest von Frankreich nach der Bescherung nochmals am festlich gedeckten Tisch ein, um die weihnachtliche Schlemmerei fortzusetzen.

Die Weihnachtszeit endet in Frankreich mit dem Dreikönigstag, an dem der *Galettes des Rois,* der Dreikönigskuchen, ein aus Blätterteig, Marzipan und Mandelcreme konfektionierter Kuchen, verzehrt wird. In den Kuchen wird eine dicke Bohne oder eine kleine Porzellanfigur eingebacken. Wer diese in seinem Stück Kuchen findet, wird mit einer Pappkrone gekrönt und darf König für einen Tag sein.

Pilz-Nuss-Paté

Für 6 Portionen
100 g Walnusskerne
1 rote Zwiebel
1 – 2 Knoblauchzehen
2 EL Olivenöl
250 g braune Champignons
150 g Austernpilze
150 ml trockener Rotwein
oder ungesüßter roter Traubensaft
mit 1 EL roten Balsamessig
3 EL Crème fraîche
1 EL Rotweinessig
2 EL fein gehackte krause Petersilie
1 EL fein gehackter Thymian
1 TL fein gehackter Rosmarin
2 TL Johannisbrotkernmehl
Meersalz
frisch gemahlener schwarzer Pfeffer

- Die Walnusskerne in der trockenen Pfanne kurz anrösten. Danach im Mixbehälter der Küchenmaschine zerkleinern.
- Die Zwiebel und den Knoblauch schälen, fein hacken und im heißen Olivenöl anschwitzen.
- Die Champignons und Austernpilze mit feuchtem Küchenkrepp säubern und in Scheiben schneiden. Pilze zur Zwiebel in die Pfanne geben und kurz anbraten.
- Mit dem Rotwein ablöschen und so lange schmoren, bis der Rotwein verkocht ist und die Pilze weich sind.
- Die Pilzmischung mit dem Pürierstab pürieren, sodass eine feine Creme entsteht.

- Die Walnusskerne, Crème fraîche und den Rotweinessig unter die Pilzcreme ziehen. Die Kräuter und das Johannisbrotkernmehl unterrühren.
- Das Pilz-Nuss-Paté mit Salz und Pfeffer abschmecken und auf gerösteten Baguettescheiben servieren.

Tipp: Zum klassischen Festmahl am Weihnachtsabend wird in Frankreich traditionell Gänseleberpastete *(Foie Gras)* gereicht. Das festliche Pilz-Nuss-Paté ist ein würdiger Ersatz, der Mensch und Tier gut tut!
In einem verschließbaren Gefäß im Kühlschrank hält sich das Pilz-Nuss-Paté drei bis vier Tage. Servieren Sie Reste des Paté nach Weihnachten mit Feldsalat und Nussbaguette, so haben Sie nach dem Feiertagsstress eine kleine, schnelle Mahlzeit in petto.

Gebratene Apfelscheiben mit Honig und Ziegenkäse

3 mittelgroße Äpfel
3 – 4 EL Butter oder Rapsöl
3 – 4 EL flüssiger Waldhonig
frisch gemahlener schwarzer Pfeffer
1 Ziegenkäserolle (200 g)
4 EL grob gehackte Walnusskerne
3 EL fein gehackter Schnittlauch
1 EL fein gehackter Thymian

❄ Die Äpfel vierteln, entkernen und in dünne Scheiben schneiden.
❄ Die Butter in der Pfanne erhitzen und die Apfelscheiben darin von beiden Seiten goldbraun braten. Beim Braten darauf achten, dass die Apfelscheiben nicht zu weich werden.
❄ Die Äpfel mit dem Honig überträufeln und mit etwas Pfeffer überstreuen.
❄ Die Apfelscheiben auf vier kleine, feuerfeste Teller verteilen.
❄ Die Ziegenkäserolle in acht Scheiben schneiden. Jeweils zwei Scheiben Ziegenkäse auf die Apfelscheiben legen.
❄ Die Teller 2 bis 3 Minuten unter den auf 220 °C vorgeheizten Backofengrill geben und den Ziegenkäse gratinieren.
❄ Mit den Walnusskernen, dem Schnittlauch und Thymian überstreuen und servieren.

Maronen-Pflaumen-Gratin

etwas Butter oder Öl für die Auflaufform
1 große Zwiebel
2 Knoblauchzehen
Meersalz
frisch gemahlener schwarzer Pfeffer
150 g entsteinte Backpflaumen
400 g gekochte Maronen
6 EL grob gehackte Walnusskerne
150 ml heiße Gemüsebrühe
½ Bund krause Petersilie
150 ml Sahne
2 Msp frisch geriebene Muskatnuss
150 g geraspelter Comté oder Gruyère

❄ Eine große, runde Auflaufform mit Butter oder Öl einpinseln.
❄ Zwiebel und Knoblauch schälen, fein hacken und in der Auflaufform verteilen. Mit etwas Salz und Pfeffer würzen.
❄ Die Backpflaumen halbieren.
❄ Die Maronen auf den gehackten Zwiebeln verteilen, die Backpflaumen dazwischensetzen. Mit den Walnusskernen überstreuen. Die Gemüsebrühe darübergießen.
❄ Die Petersilie fein hacken, mit Sahne, Muskat und Comté verrühren, mit Pfeffer würzen.
❄ Die Käse-Sahne-Masse über das Gratin geben und im Backofen bei 180 °C 35 bis 40 Minuten backen, bis die Flüssigkeit etwas eingekocht ist und der Käse leicht gebräunt ist.

Edle Linsenküchlein mit Rosenkohl in Senfsauce

Linsenküchlein
200 g rotbraune Champagne-Linsen
1 TL Meersalz
1 rote Zwiebel
2 – 3 Knoblauchzehen
1 großes Ei
100 g geraspelter Comté oder Emmentaler
80 g Semmelbrösel
4 EL Weizenvollkornmehl
4 EL Tomatenmark
2 EL fein gehacktes Basilikum
2 EL fein gehackter Majoran
1 TL fein gehackter Rosmarin
Meersalz
frisch gemahlener schwarzer Pfeffer
Butter oder Öl zum Braten

Rosenkohl
1 kg Rosenkohl
Meersalz
2 Zwiebeln
2 EL Butter oder Rapsöl
2 TL Speisestärke
100 ml Riesling oder ungesüßter Apfelsaft
200 g Crème fraîche
2 EL grobkörniger Senf
Meersalz
frisch gemahlener weißer Pfeffer

❄ Für die **Linsenküchlein** die Linsen in reichlich Wasser in 35 bis 40 Minuten weich kochen, kurz vor Ende der Kochzeit das Salz hinzufügen. Linsen in ein Sieb gießen und gut abtropfen lassen.
❄ Die Zwiebel und den Knoblauch schälen und fein hacken.
❄ Das Ei wie für eine Omelette etwas aufschlagen.
❄ In einer großen Schüssel die Zwiebel, den Knoblauch und das Ei mit den Linsen vermischen. Comté, Semmelbrösel, Mehl, Tomatenmark und Kräuter dazugeben und wie für einen Teig verkneten. Mit Salz und Pfeffer herzhaft abschmecken.
❄ Mit den Händen kleine Küchlein aus der Masse formen.
❄ Etwas Butter oder Öl in einer Pfanne erhitzen und die Linsenküchlein von beiden Seiten darin ausbacken.
❄ Während die Linsen garen, den **Rosenkohl** putzen, dann in reichlich Salzwasser bissfest garen.
❄ Die Zwiebeln schälen, fein hacken und in einem kleinen Saucentopf gegen Ende der Kochzeit in der Butter anschwitzen. Mit der Stärke bestreuen und dem Riesling ablöschen. Die Crème fraîche und den Senf unterrühren, einmal kurz aufkochen lassen und mit Salz und Pfeffer abschmecken.
❄ Den Rosenkohl in ein Sieb geben und gut abtropfen lassen. Zurück in den Topf füllen, mit der Senfsauce übergießen und gründlich vermischen. Nochmals gut erwärmen, dann mit den Linsenküchlein servieren.

Weihnachtliches Sandgebäck aus der Bretagne

Für etwa 50 kleine Sandgebäckstücke
220 g Weizenmehl (Type 1050)
1 Msp Meersalz
80 g Roh-Rohrzucker
8 EL (40 g) blanchierte, gemahlene Mandeln
1 Ei
2 EL brauner Rum oder schwarzer Tee mit etwas Rumaroma
125 g weiche Butter oder Margarine
1 – 2 EL Milch

❄ Die trockenen Zutaten in einer Schüssel miteinander vermischen.
❄ In der Mitte des Mehls eine Mulde ausformen, das Ei und den Rum hineingeben. Mit einer Gabel von der Mitte her das Mehl mit dem Ei verrühren. Die Butter in Flöckchen dazugeben und alles zu einem geschmeidigen Teig verkneten.
❄ Teig zu einer Kugel formen, in Frischhaltefolie einschlagen und entweder 2 Stunden in den Kühlschrank oder 30 Minuten in das Tiefkühlfach legen.
❄ Danach den Teig auf der bemehlten Arbeitsfläche etwa ein Zentimeter dick ausrollen und Teigkreise von etwa vier Zentimeter Durchmesser ausstechen.
❄ Die Teigkreise auf zwei mit Backpapier ausgelegte Backbleche geben und mit der Milch bestreichen.
❄ Das Sandgebäck im Backofen bei 180 °C 10 bis 11 Minuten backen.

Tipp: Anstelle der gemahlenen Mandeln können Sie auch Kokosraspel verwenden.
Schön weihnachtlich wirkt das Sandgebäck, wenn Sie zum Ausstechen weihnachtliche Plätzchenformen verwenden.
In einer verschließbaren Plätzchendose hält sich das Sandgebäck mindestens eine Woche, sodass Sie auch auf Vorrat backen können.

Spekulatiuscreme mit Sauerkirschen

350 g Sauerkirschen aus dem Glas
2 EL (Elsässer) Kirschwasser oder Rum
250 g Spekulatius
250 ml Sahne
75 g gesiebter Puderzucker
150 g Crème fraîche oder Crème double
1 TL gemahlener Zimt
4 EL geraspelte Schokolade

- Den Boden einer Dessertschüssel mit den Sauerkirschen auslegen und diese mit dem Kirschwasser beträufeln.
- Die Spekulatius in einen Gefrierbeutel geben, diesen mit einer Kunststoffklemme verschließen und so lange mit dem Nudelholz bearbeiten, bis die Spekulatius fein zerkrümelt sind.
- Die Sahne steif schlagen.
- Den Puderzucker mit der Crème fraîche verrühren. Sahne, Zimt und die Spekulatiuskrümel dazugeben und gut vermischen.
- Die Sahnemischung über die Sauerkirschen streichen und über Nacht im Kühlschrank ziehen lassen.
- Kurz vor dem Servieren mit der Raspelschokolade bestreuen.

Tipp: Falls Sie auf den Alkohol verzichten möchten, können Sie die Sauerkirschen mit 2 EL Bourbonvanillezucker und 2 bis 3 zusätzlichen EL Raspelschokolade überstreuen.
Die Spekulatiuscreme ist ein adäquater Ersatz für den Weihnachtsbaumkuchen *(Bûche de Noël)*, der in Frankreich beim Weihnachtsmahl zum Dessert gereicht wird.

Feliz Navidad!

Spanien

Ganz Spanien im Weihnachtsglück

»Advent, Advent, ein Lichtlein brennt?« – weit gefehlt, denn in Spanien kennt man weder Adventskranz noch Adventskerzen. Alles in allem verläuft die Vorweihnachtszeit in Spanien eher ruhig. Und doch steigt die Spannung täglich. Schon ab Sommer werden die Lose für die spanische Weihnachtslotterie *Sorteo de Navidad* verkauft. Spätestens ab Mitte Dezember befindet sich ganz Spanien – immerhin kaufen über neunzig Prozent der Spanier mindestens ein Los – im Lottofieber. Am Vormittag des 22. Dezember ist es dann endlich so weit: Die Ziehung der Gewinnzahlen wird live von den Fernseh- und Rundfunkanstalten übertragen. Ob Jung oder Alt, Arm oder Reich, ob in den Städten oder auf dem Land, im Norden oder Süden, jeder Spanier hofft darauf, dass er dieses eine Mal *El Gordo,* den Hauptgewinn, kassiert. Da sich die spanische Weihnachtslotterie als die größte Lotterie der Welt rühmt, ist auch der Hauptgewinn mit über fünfhundert Millionen Euro beachtlich. Dieser Batzen an »Weihnachtsgeld« wird in der Regel jedoch nicht von einer Einzelperson, sondern von Gruppen oder Spielgemeinschaften gewonnen, weil sich die meisten Spanier aufgrund der hohen Lospreise beim Kauf der Lose zusammentun. Nach der Ziehung befindet sich daher manchmal ein ganzer Landstrich, ein ganzes Dorf oder die gesamte Belegschaft einer Firma im Freudentaumel.

Das Weihnachtsfest im religiösen Sinn beginnt am 24. Dezember mit der *Noche Buena,* der Heiligen Nacht. Diese wird mit einem opulenten Mahl im Familienkreis begangen. Ein typisches Weihnachtsessen gibt es nicht, allerdings ist auch in Spanien der mit Kastanien, Äpfeln und Pflaumen gefüllte Truthahn sehr beliebt. In den küstennahen Regionen tischt man vorzugsweise Fisch oder Meeresfrüchte auf.

Freunde der fleischlosen Kost haben es in Spanien noch immer schwer. Da jedoch insbesondere in Südspanien viele Gemüsegerichte wie Gemüsepaella (siehe Seite 62) und natürlich die klassischen Tapas das ganze Jahr über beliebt sind, finden sich auch für Vegetarier an Weihnachten entsprechende Köstlichkeiten. Beim Dessert, zu dem gehaltvolle Süßigkeiten wie *Turrón* – Nougatkonfekt –, süße Cremes, Pudding und Weihnachtsgebäck wie die Mantecados von Seite 66 gereicht werden, sind Vegetarier wie Nichtvegetarier sowieso wieder kulinarisch vereint.

Nach dem Festmahl vertreibt man sich die Zeit mit der »Urne des Schicksals«. Darin befinden sich viele kleine Päckchen mit Geschenken, aber auch Nieten. Jeder darf so lange ziehen, bis das Schicksal auch ihm ein Geschenk zudenkt. Weihnachtsgeschenke im eigentlichen Sinne gibt es nicht, weil die Bescherung für die Kinder erst am 6. Januar erfolgt. Kurz vor Mitternacht brechen die Familien zur Mitternachtsmesse auf. Diese wird in Spanien *Misa del Gallo,* Messe des Hahns, genannt, weil ein Hahn die Geburt Jesu als Erster verkündet haben soll.

Bis zum Dreikönigstag wird in Spanien eine *Fiesta* nach der anderen gefeiert. Am 28. Dezember begeht man den *Día de los Inocentes,* den Tag der unschuldigen Kinder, der mit dem ersten April hierzulande zu vergleichen ist. Im ganzen Land werden die Menschen mit Streichen zum Narren gehalten. Auch der Jahreswechsel wird mit einem fröhlichen Fest, der *Fiesta de la Coretta,* gefeiert. Kurz vor Mitternacht kommt man auf den Rathausplätzen zusammen und verspeist bei den zwölf Glockenschlägen, die das neue Jahr einläuten, zwölf »Glückstrauben«, die *uvas de suerte.*

Höhepunkt der Feierlichkeiten ist der Dreikönigstag. Bereits am 5. Januar zieht die Karawane der Heiligen Drei Könige mit einem Umzug in die Dörfer und Städte ein. Am Abend stellen die Kinder ihre auf Hochglanz polierten Schuhe sowie Wasser und Stroh für die Kamele vor die Türen. Am nächsten Morgen sind dann für sie die Geschenke aus dem Morgenland eingetroffen.

Frittierte Oliven

1 Ei
frisch gemahlener weißer Pfeffer
50 g Semmelbrösel
5 EL (40 g) Weizenmehl (Type 1050)
200 g mit Paprika gefüllte grüne Oliven
etwa 70 ml Olivenöl

- Das Ei in einem Suppenteller verquirlen und mit Pfeffer würzen.
- Die Semmelbrösel und das Weizenmehl ebenfalls jeweils in einen Suppenteller geben.
- Die Oliven gut abtropfen lassen.
- Das Olivenöl in einer kleinen Pfanne erhitzen.
- Die Oliven zuerst im Ei wenden. Danach im Mehl wälzen, noch einmal im Ei wenden und zum Schluss in den Semmelbröseln wälzen.
- Die Oliven in zwei bis drei Portionen von allen Seiten im heißen Olivenöl ausbacken und auf Küchenkrepp etwas abkühlen lassen.

Avocado-Zitronen-Süppchen

2 reife Avocados
1 Schlangengurke
800 ml abgekühlte Gemüsebrühe
Saft einer Zitrone
1 TL abgeriebene Zitronenschale
2 EL fein gehackter Dill
2 EL Olivenöl
Meersalz
rote Chilisauce
8 entkernte schwarze Oliven
2 EL fein gehackte glatte Petersilie

- Die Avocados schälen, die Kerne entfernen und das Fruchtfleisch grob würfeln.
- Die Schlangengurke ebenfalls grob würfeln.
- Beides mit 200 ml Gemüsebrühe zu einer glatten Creme pürieren.
- Die verbliebene Gemüsebrühe, Zitronensaft, Zitronenschale, Dill und Olivenöl unterrühren.
- Die Suppe mit Salz und Chilisauce abschmecken und auf vier Teller verteilen.
- Die Oliven fein hacken und mit der Petersilie über die Suppe streuen.

Reichhaltige Gemüsepaella

50 g Pinienkerne
3 – 4 Knoblauchzehen
200 g Räuchertofu
1 kleine Aubergine
1 rote Paprikaschote
1 grüne Paprikaschote
250 g grüne Bohnen
2 große Tomaten
4 – 5 EL Olivenöl
400 g Risottoreis
etwa 1 l kaltes Wasser
240 g Artischockenherzen aus dem Glas
1 TL Meersalz
2 TL mildes Paprikapulver
1 TL scharfes Paprikapulver
1 Briefchen Safran (0,1 g)
Meersalz
frisch gemahlener schwarzer Pfeffer
1 – 2 Spritzer Zitronensaft

❄ Die Pinienkerne in der trockenen Pfanne kurz anrösten, dann abkühlen lassen.

❄ Den Knoblauch schälen und fein hacken, den Räuchertofu fein würfeln.

❄ Die Aubergine fein würfeln, die Paprika entkernen und ebenfalls fein würfeln. Die grünen Bohnen putzen.

❄ Die Tomaten an den Stielansätzen kreuzweise einritzen, mit kochend heißem Wasser übergießen und 10 Minuten ruhen lassen. Das Wasser abgießen, die Tomaten enthäuten und würfeln.

❄ Den Knoblauch im heißen Olivenöl anschwitzen. Die Tofuwürfel dazugeben und anbräunen.

- Das Gemüse in der Reihenfolge Paprika, Aubergine, grüne Bohnen und Tomaten zum Tofu geben und jeweils kurz anschwitzen.
- Den Reis dazugeben, nochmals kurz anschwitzen, dann mit dem Wasser ablöschen.
- Die Paella bei mittelhoher Temperatur etwa 10 Minuten schmoren.
- Die Artischockenherzen gut abtropfen lassen und vierteln. Artischockenherzen mit dem Salz, Paprikapulver, Safran und den Pinienkernen zur Paella geben und gut unterrühren.
- Die Paella bei niedriger Temperatur nochmals etwa 15 Minuten schmoren.
- Mit Salz und Pfeffer sowie Zitronensaft abschmecken und servieren.

Zwiebeltarte mit Blauschimmelkäse

4 mittelgroße Zwiebeln
2 EL Olivenöl
2 TL Roh-Rohrzucker
1 TL Weißweinessig
Meersalz
frisch gemahlener weißer Pfeffer
Olivenöl für die Tarteform
250 g Blätterteig, frisch oder tiefgekühlt und aufgetaut
150 g Cabrales (spanischer Blauschimmelkäse), Roquefort oder anderer Blauschimmelkäse
2 EL eingelegte Kapern
1 EL fein gehackter Thymian

- Die Zwiebeln schälen, halbieren und in feine Scheiben schneiden.
- Das Olivenöl erhitzen und die Zwiebeln darin langsam anbräunen. Zucker und Essig unterrühren und kräftig mit Salz und Pfeffer würzen.
- Die Zwiebeln nochmals 2 bis 3 Minuten schmoren. Dann die Pfanne vom Herd nehmen und etwas abkühlen lassen.
- Eine gefettete Tarteform mit dem Blätterteig auskleiden und den gewürfelten Cabrales auf dem Teigboden verteilen.
- Die Kapern fein hacken und über den Käse streuen. Die Zwiebeln darübergeben und glatt streichen. Mit dem Thymian überstreuen und mit etwas Pfeffer würzen.
- Die Zwiebeltarte im Backofen bei 180 °C 30 bis 35 Minuten backen.

Schokoladen-Nantillas

100 g Zartbitterschokolade
1 l Milch
1 Zimtstange
8 Eigelb
1 Msp Meersalz
200 g Roh-Rohrzucker
2 EL Speisestärke
4 EL Kakaopulver
4 traditionelle spanische Frühstückskekse (Galettas Maria) oder Butterkekse
½ TL gemahlener Zimt

- Die Schokolade grob hacken und mit 900 ml Milch sowie der Zimtstange in einen Topf geben. Die Milch unter Rühren erhitzen und die Schokolade darin zum Schmelzen bringen.
- Das Eigelb mit dem Salz und Zucker schaumig rühren.
- Die Speisestärke und das Kakaopulver mit der restlichen Milch anrühren.
- Sobald die Milch anfängt zu kochen, das Eigelb-Zucker-Gemisch und die angerührte Speisestärke unterrühren. So lange kochen, bis die Creme anfängt, Blasen zu werfen, und etwas eindickt.
- Den Topf vom Herd nehmen und die Zimtstange entfernen.
- Die Kekse auf vier Dessertschüsselchen oder Dessertgläser verteilen. Die Schokoladencreme darübergeben und im Kühlschrank gut durchkühlen lassen.
- Vor dem Servieren mit dem Zimt überstäuben.

Tipp: Bereiten Sie mit dem übrig gebliebenen Eiweiß anschließend für den nächsten Tag die weiße Orangenmousse (siehe Seite 68) zu. Die Mousse bis zum Servieren in einem verschlossenen Gefäß im Kühlschrank aufbewahren.

Mantecados

Für 2 Backbleche
500 g Butterschmalz
1 unbehandelte Zitrone
500 g Weizenmehl (Type 1050)
300 g Roh-Rohrzucker
1 ½ TL Weinsteinbackpulver
2 Msp Meersalz
1 Ei
3 EL Anisschnaps oder Anissirup
3 – 4 EL (20 g) gesiebter Puderzucker

- ❄ Butterschmalz in einem kleinen Topf erwärmen, bis es weich wird.
- ❄ Schale der Zitrone abreiben und den Saft der Zitrone auspressen.
- ❄ Das Mehl mit dem Zucker, Backpulver und Salz vermischen. In der Mitte des Mehls eine Mulde ausformen und das Butterschmalz, Ei, Zitronenschale und Zitronensaft sowie den Anisschnaps hineingeben.
- ❄ Den Teig von der Mitte her verrühren, bis er glatt ist.
- ❄ Den Teig entweder über Nacht im Kühlschrank oder 20 Minuten im Tiefkühlfach ruhen lassen, damit er wieder fester wird.
- ❄ Zwei Backbleche mit Backpapier auslegen.
- ❄ Den Teig nach dem Kühlen noch einmal durchrühren, danach halbieren und beide Portionen jeweils etwa eineinhalb Zentimeter dick auf ein Backblech streichen. Das Backpapier an allen vier Seiten hochschlagen, sodass der Teig beim Backen zunächst seine Form behält. Er wird gegen Ende der Backzeit ein wenig auseinanderfließen, was wegen des hohen Fettgehalts jedoch normal ist.

- Den Teig im Backofen bei 180 °C etwa 25 Minuten backen, bis er schön gebräunt ist.
- Den abgekühlten Teig mit dem Puderzucker überstreuen und in Rechtecke schneiden.

Tipp: Im Originalrezept wird Schweineschmalz verwendet, wodurch sich ein relativ fester, leicht reißender Teig ergibt. Die vegetarische Variante mit Butterschmalz lässt sich durch die Kombination von vorherigem Erwärmen und späterem Kühlen wesentlich leichter verarbeiten.

Weiße Orangenmousse

300 g weiße Schokolade
1 unbehandelte Orange
100 ml Sahne
6 frische Eiweiß
1 Msp Meersalz
5 – 6 EL gesiebter Puderzucker

❄ Die Schokolade im Wasserbad zum Schmelzen bringen.
❄ Die Orangenschale abreiben, danach die Orange auspressen.
❄ Die Sahne sehr steif schlagen.
❄ Das Eiweiß mit dem Salz sehr steif schlagen, dann den Puderzucker unterziehen.
❄ Die geschmolzene Schokolade, Orangensaft und Orangenschale sowie die steif geschlagene Sahne vorsichtig unter den Eischnee mengen.
❄ Die Mousse vor dem Servieren mindestens 2 Stunden, besser noch über Nacht im Kühlschrank durchkühlen lassen.

Feliz Navidad!

Mexiko

Buntes Treiben mit Krippenspielen und Topfschlagen

Wer Schnee zu Weihnachten sucht, wird in Mexiko enttäuscht. Die Temperaturen liegen im Dezember bei durchschnittlich gut zwanzig Grad, sodass zu Weihnachten eher Badekleidung als dicke Winterausrüstung angesagt ist. Nicht nur, aber auch aus diesem Grund ist die mexikanische Weihnacht so einzigartig farbenfroh und fröhlich, ein buntes, ausgelassenes Fest wie in einem tropischen Garten.

Die Weihnachtszeit wird am 16. Dezember mit dem Beginn der *Posadas,* der Krippenspiele, eingeleitet. An den folgenden neun Tagen ziehen Kinder wie Erwachsene durch Städte und Dörfer und spielen die Suche von Maria und Josef nach einer Bleibe für die Nacht nach. An jedem der neun Abende klopfen *Los Santos Peregrinos,* die heiligen Pilger, an die Türen von jeweils drei Häusern, singen die traditionellen Lieder und bitten um Einlass. Doch erst am dritten Haus werden sie – so wie es vorher verabredet wurde – hereingebeten. Zusammen mit den Gastgebern knien alle vor der im Haus aufgebauten Krippe nieder und beten den Rosenkranz.

Danach beginnen die ausgelassenen Feierlichkeiten mit Speis und Trank sowie mit der insbesondere von den Kindern mit Ungeduld erwarteten Hauptattraktion: der *Piñata* – einer Art Topfschlagen auf mexikanische Art. Die *Piñata* ist eine früher aus Ton, heute aus Papiermaché angefertigte, mit buntem Krepppapier umhüllte hohle Figur, welche mit einer Schnur an der Zimmerdecke befestigt und mit Erdnüssen, Früchten, Plätzchen und Süßigkeiten gefüllt wird. Jedes Kind darf mit verbundenen Augen mit einem Stock auf die *Piñata* einschlagen, um das Gefäß zu zerbrechen und an die Süßigkeiten zu kommen. Die Erwachsenen trinken dazu Früchtepunsch oder *Rompope,* Eierpunsch (siehe Seite 78).

Der Heilige Abend wird mit einer Mitternachtsmesse und einem anschließenden Festmahl im Kreise der Familie begangen, welches sich bis in die frühen Morgenstunden erstreckt. In den Häusern der reicheren Familien kommen Gerichte mit gebackenem Kabeljau oder Truthahn auf den Festtisch. Die ärmeren Haushalte besinnen sich zum Weihnachtsmahl der traditionellen Küche, sodass auch am Feiertag die Klassiker der mexikanischen Küche wie gefüllte *Tortillas* – herzhafte Pfannkuchen –, *Tamales* – Maismehltaschen –, Bohnen, Reis, *Salsas* – Würzsaucen – und süße, aus Maismehl zubereitete Speisen gereicht werden.

Das Esszimmer wird dazu mit bunten Kerzen oder Lichterketten und vor allem mit den in Mexiko heimischen roten Weihnachtssternen geschmückt. Um diese, schon bei den Azteken wegen ihrer Heilwirkung beliebte Pflanze, rankt sich eine schöne Legende: Ein armer Hirtenjunge bemerkte auf dem Weg zur weihnachtlich geschmückten Kirche, dass er kein Geschenk für das Jesuskind hatte. In seiner Not pflückte er grüne Zweige vom Wegesrand. Als er sie auf die Krippe legte, erblühte aus jedem dieser Zweige eine sternförmige, rote Blüte, weshalb der Weihnachtsstern in Mexiko *La Flor de Noche Buena,* Blume der Heiligen Nacht, oder *La Flor de Pastor,* Hirtenblume, genannt wird.

Trotz aller Feierlichkeiten und Ausgelassenheit können es die mexikanischen Kinder nicht erwarten, bis endlich der *Día de los Reyes,* der Dreikönigstag, hereinbricht. Denn erst dann erhalten sie ihre Geschenke. Diese werden nicht vom Weihnachtsmann, sondern von den Weisen aus dem Morgenland überbracht. Am Dreikönigstag wird auch der *Rosca de Reyes,* der Dreikönigskuchen verspeist. Wer die im Kuchen versteckte Figur des Jesuskindes vorfindet, muss für alle, die vom selben Kuchen gegessen haben, am 2. Februar, zu Mariä Lichtmess, eine Feier ausrichten, bei der traditionell *Tamales* und *Atole,* ein Maisbreigetränk, gereicht werden.

Papaya-Erdnuss-Salsa

2 reife Papayas
1 Schalotte
1 Knoblauchzehe
½ – 1 rote Chilischote
100 g geröstete Erdnusskerne
2 EL Limettensaft
3 – 4 EL Sonnenblumenöl
1 TL mildes Paprikapulver
Meersalz

- Die Papayas der Länge nach halbieren und die Kerne mit einem Löffel auskratzen.
- Danach die Papayas schälen und fein würfeln.
- Die Schalotte und die Knoblauchzehe schälen und fein hacken, die Chilischote fein hacken.
- Die Erdnusskerne grob hacken.
- Alles in eine Schüssel geben und Limettensaft, Sonnenblumenöl und Paprikapulver unterrühren.
- Die Salsa mit Salz abschmecken und vor dem Servieren 15 Minuten ziehen lassen.

Tipp: Mit Tortillachips oder geröstetem Weißbrot genießen.

Fruchtiger Maismehlpudding

650 – 700 g Äpfel
Butter oder Öl für die Tarteform
1 Päckchen Bourbonvanillezucker
2 große oder 3 kleine Eier
1 Msp Meersalz
100 g Roh-Rohrzucker
50 g blanchierte, gemahlene Mandeln
250 g Maismehl
1 TL Weinsteinbackpulver
3 – 4 Msp gemahlener Zimt
250 ml Milch
3 – 4 EL gesiebter Puderzucker

❄ Die Äpfel vierteln, entkernen und in Spalten schneiden. Die Apfelspalten kreisförmig in einer gut gefetteten Tarteform verteilen. Mit dem Vanillezucker überstreuen.
❄ Die Eier mit Salz und Zucker schaumig schlagen. Die Mandeln dazugeben und unterrühren.
❄ Das Maismehl mit dem Backpulver und dem Zimt vermischen.
❄ Die Maismehlmischung mit der Eiermischung verrühren, dabei nach und nach die Milch hinzufügen, sodass ein glatter, etwas flüssiger Teig entsteht.
❄ Den Teig über die Apfelspalten gießen und glatt streichen.
❄ Maismehlpudding im Backofen bei 180 °C 40 bis 45 Minuten backen.
❄ Etwas abkühlen lassen und mit dem Puderzucker überstreuen.
❄ Noch lauwarm oder abgekühlt genießen.

Tipp: Anstelle der Äpfel können Sie auch Birnen verwenden.

Tortillas mit Kichererbsen-Walnuss-Füllung

Für 8 Tortillas

Tortillas
160 g Weizenmehl (Type 1050)
120 g Maismehl
2 TL Weinsteinbackpulver
2 TL Meersalz
etwa 520 ml Wasser
8 TL Rapsöl

Füllung
3 Frühlingszwiebeln
1 rote Chilischote
2 EL Olivenöl
100 g Walnusskerne
400 g gekochte Kichererbsen
150 ml Sahne
1 – 2 EL Limettensaft
1 TL mildes Paprikapulver
½ TL gemahlener Kreuzkümmel
Meersalz
1 Mini-Romanasalat

- Für die **Tortillas** die trockenen Zutaten in einer Schüssel vermischen.
- Unter Rühren das Wasser hinzufügen, sodass ein glatter, flüssiger Teig entsteht.

- Aus dem Teig acht Tortillas backen. Dafür jeweils 1 TL Öl in einer Pfanne erhitzen und etwa eine große Schöpfkelle voll Teig in die Pfanne gießen. Den Teig mit einem Teigschaber als dünne Schicht schnell auf der heißen Fläche verteilen. Sobald der Teig stockt und auf der Unterseite etwas angebräunt ist, die Tortilla umdrehen und auf der zweiten Seite ebenfalls goldbraun braten.
- Für die **Füllung** die Frühlingszwiebeln in Scheiben schneiden.
- Von der Chilischote die Kerne und Samenstränge entfernen, dann die Schote grob zerkleinern.
- Frühlingszwiebeln und Chilischote im heißen Öl schmoren, bis sie weich sind.
- Die Walnusskerne dazugeben und nochmals 2 bis 3 Minuten schmoren.
- Die Pfanne vom Herd nehmen und etwas abkühlen lassen.
- Die Zwiebel-Nuss-Mischung mit den Kichererbsen in den Mixbehälter der Küchenmaschine geben und gründlich pürieren.
- Sahne, Limettensaft, Paprikapulver und Kreuzkümmel hinzufügen und nochmals pürieren.
- Die Füllung herzhaft mit Salz abschmecken.
- Den Mini-Romanasalat der Länge nach halbieren, dann in feine Scheiben schneiden.
- Den Salat jeweils mittig auf den Tortillas verteilen.
- Die Füllung darübergeben und die Tortillas zum Servieren aufrollen.

Schokoladen-Chili-Plätzchen

Für etwa 21 Schokoladen-Chili-Plätzchen
100 g weiche Butter oder Margarine
2 Msp Meersalz
250 g Roh-Rohrzucker
2 Eier
½ Vanilleschote
1 TL gemahlener Zimt
250 g Weizenmehl (Type 1050)
150 g Maismehl
½ TL Weinsteinbackpulver
6 EL (40 g) Kakaopulver
1 kleine getrocknete Chilischote

Guss
6 EL gesiebter Puderzucker
2 EL Rum
oder 2 EL schwarzer Tee mit 2 – 3 Tropfen Rumaroma
2 Spritzer Zitronensaft

- Butter mit Salz und Zucker schaumig rühren.
- Die Eier, das Mark der Vanilleschote und den Zimt zur Butter-Zucker-Mischung geben und nochmals gründlich verrühren.
- Das Weizenmehl mit dem Maismehl, Backpulver und Kakao vermischen.
- Die Chilischote mit den Zinken einer Gabel fein zerkrümeln und zum Mehlgemisch geben.
- Das Mehlgemisch mit der Eiermasse verrühren.
- Den Teig zu einer Kugel formen, in Frischhaltefolie einschlagen und entweder 1 Stunde im Kühlschrank oder 15 Minuten im Tiefkühlfach ruhen lassen.

❄ Pro Plätzchen zwei gehäufte Esslöffel Teig abstechen, mit den Händen zu einer Kugel rollen, danach durch leichten Druck zwischen den Handflächen etwas abflachen.

❄ Die Plätzchen auf ein mit Backpapier ausgelegtes Backblech geben und im Backofen bei 180 °C 16 bis 18 Minuten backen. Nach dem Backen abkühlen lassen.

❄ Für den **Guss** den Puderzucker mit Rum und Zitronensaft verrühren.

❄ Die Plätzchen mit dem Guss bestreichen.

Eierpunsch mit Rum

1 l Milch
100 g Roh-Rohrzucker
1 Zimtstange
1 Vanilleschote
4 Eigelb
4 EL Speisestärke
2 Msp Backnatron
150 ml brauner Rum

- Die Milch mit Zucker und Zimtstange in einen Topf geben.
- Die Vanilleschote auskratzen und das Mark sowie die Schote zur Milch geben. Die Milch unter Rühren zum Kochen bringen. Dann die Herdplatte auf niedrige Temperatur zurückschalten und die Milch unter gelegentlichem Rühren 10 bis 15 Minuten ziehen lassen. Danach Zimtstange und Vanilleschote entfernen.
- Das Eigelb mit Speisestärke und Backnatron verrühren. Die Mischung zur Milch geben und die Milch unter Rühren nochmals zum Kochen bringen.
- Den Rum dazugeben und so lange bei relativ hoher Temperatur unter Rühren kochen, bis die Mischung anfängt einzudicken.
- Den Topf vom Herd nehmen und den Punsch auf Zimmertemperatur abkühlen lassen. Dabei gelegentlich umrühren, damit sich auf der Oberfläche kein Häutchen bildet.
- Den Eierpunsch beim Einfüllen in eine Karaffe durch ein Haarsieb gießen und vor dem Servieren im Kühlschrank gut durchkühlen lassen.

Tipp: Falls Sie auf den Alkohol verzichten möchten, ersetzen Sie den Rum durch 150 ml Milch, der Sie einige Tropfen Rumaroma beifügen.

Buon Natale!

Italien

Weihnachtsfreuden im Viererpack

Wie in vielen anderen Ländern ist Weihnachten auch in Italien das Familienfest schlechthin. Weihnachten ohne Familie ist in Italien einfach nicht denkbar. In italienischen Familien geht es zu Weihnachten jedoch geselliger, lauter und fröhlicher zu als zum Beispiel in Deutschland. Das stille, andächtige Beisammensein ist den Italienern trotz des starken religiösen Bezugs, welches das Fest gerade im katholischen Italien aufweist, fremd.

In Italien versteht man es, zu feiern. Vor allem die *Bambini,* die italienischen Kinder, dürfen sich auf Feiern und Geschenkeauspacken im Viererpack freuen. Für sie beginnt die Weihnachtszeit, wenn in der Nacht vom 5. auf den 6. Dezember *San Nicola* ins Haus schleicht und kleine Geschenke vor die Türen der Schlafzimmer legt. Bereits eine Woche später, am 13. Dezember, kommt *Santa Lucia,* Botin des Lichts, und legt den Kindern *Dolce,* Süßigkeiten, auf die Fensterbank oder in die Schuhe. Die Gestalt der *Santa Lucia* geht auf die frühchristliche Märtyrerin Lucia von Syrakus zurück. Nach der Legende schlich sich die Heilige in der Nacht zu den Armen, um sie mit Essen zu versorgen. Noch heute wird am Lucia-Tag *Torrone dei poveri* serviert, wozu Kichererbsen mit Zucker zu einer festen, süßen Masse verkocht werden.

Mitte Dezember wird es höchste Zeit, die Weihnachtskrippe aufzustellen, da *il presepe,* die Krippe, in Italien das wichtigste Attribut der Weihnachtszeit ist. Als Urheber dieses Brauches gilt der heilige Franziskus von Assisi, der nach seinem Besuch in Bethlehem beschloss, den Menschen in seiner Heimat die Weihnachtsgeschichte auf anschauliche Weise als Krippenspiel nahezubringen. Heute wird der Aufbau der Krippe in den meisten Familien mit viel Aufwand betrieben. Tag für Tag kommt bis zum Weihnachtsfest eine neue Krippenfigur hinzu. Die Figur des Christuskindes darf jedoch erst am 24. Dezember um Mitternacht in die Krippe gelegt werden.

Am Weihnachtsvorabend, dem 24. Dezember, trifft man sich zum Weihnachtsessen, das, da dieser Tag für die Gläubigen ein Fastentag ist, der Tradition nach fleischlos ist. Um Mitternacht wird mit Glockengeläut das eigentliche Weihnachtsfest eingeläutet, das traditionell mit der Mitternachtsmesse beginnt. Im Anschluss daran stärkt man sich für die Feierlichkeiten der kommenden Tage mit *Panettone,* Weihnachtskuchen. Die Bescherung findet am 25. Dezember statt, nachdem *il Bambinello Gesu,* das Jesuskind, die Geschenke in der Nacht neben der Krippe verteilt hat. Mittags trifft man sich zum großen Festessen, das sich über Stunden hinzieht, da alles aufgetischt wird, was die italienische Küche zu bieten hat. Traditionell stehen vor allem Fischgerichte, Hühnchen mit Reis wie auch Truthahn auf dem kulinarischen Programm. Da in *bella Italia* jedoch auch zu Weihnachten Pasta- oder Polentagerichte sowie verschiedene Gemüsezubereitungen nicht fehlen dürfen, haben auch Vegetarier kein Problem, am Festtisch satt zu werden. Zum Nachtisch werden wiederum *Panettone,* Weihnachtsgebäck oder köstliche Eiszubereitungen serviert.

Am 6. Januar kommen die italienischen Kinder noch einmal voll auf ihre Kosten beziehungsweise zu vollen Strümpfen. In der Nacht vor dem Dreikönigstag fliegt *Befana,* die gute Hexe, von Dach zu Dach und hinterlässt in den aufgehängten Strümpfen für die artigen Kinder Geschenke. Unartige Kinder finden dagegen lediglich ein Stückchen Kohle vor. Die Hexe *Befana* saust alle Jahre wieder auf ihrem Besen durch die Nacht, weil sie vor langer, langer Zeit zu spät zur Krippe mit dem Jesuskind aufgebrochen ist und dadurch den ihr den Weg weisenden Stern verpasst hat. So irrt sie noch heute umher und hinterlässt auf ihrem Weg Geschenke für die Kinder.

Crostini mit Lauch und Gorgonzola

8 dicke Scheiben Ciabatta
2 Knoblauchzehen
2 – 3 EL Olivenöl

Lauch-Käse-Belag
5 EL grob gehackte Walnusskerne
2 Stangen Lauch
1 – 2 EL Olivenöl
50 g Gorgonzola
1 TL fein gehackter Thymian
Meersalz
frisch gemahlener schwarzer Pfeffer

- Ciabattascheiben im Backofen bei 200 °C oder in der Pfanne ohne Fett goldbraun rösten.
- Den Knoblauch schälen, halbieren und die Ciabattascheiben damit kräftig abreiben.
- Die Ciabattascheiben mit dem Olivenöl überträufeln.
- Für den **Lauch-Käse-Belag** die Walnusskerne in der trockenen Pfanne kurz anrösten.
- Den Lauch der Länge nach halbieren und in feine Halbmonde schneiden.
- Den Lauch im Olivenöl schmoren, bis er in sich zusammenfällt.
- Den Gorgonzola würfeln und mit dem Thymian und den Walnusskernen zum Lauch geben. Das Gemüse so lange schmoren, bis der Gorgonzola geschmolzen ist.
- Mit Salz und Pfeffer abschmecken und auf den Ciabattascheiben verteilen.

Salat aus winterlichem Blattgemüse

1 Kopf Radicchio
125 g Rucola
2 Chicorée
50 g geriebener Parmesan

Dressing
1 Schalotte
1 – 2 Knoblauchzehen
3 – 4 EL Olivenöl
2 EL roter Balsamessig
1 EL mittelscharfer Senf
4 – 5 EL fein gehackte glatte Petersilie
Meersalz
frisch gemahlener schwarzer Pfeffer

- Radicchio und Rucola putzen und mundgerecht zerkleinern.
- Chicorée der Länge nach halbieren und die bitteren Strünke herausschneiden.
- Chicorée in dünne Streifen schneiden und mit dem Radicchio, Rucola und Parmesan in eine Schüssel geben.
- Für das **Dressing** die Schalotte und den Knoblauch schälen und fein hacken.
- Schalotte und Knoblauch mit Olivenöl, Balsamessig, Senf und Petersilie verrühren. Herzhaft mit Salz und Pfeffer würzen.
- Das Dressing zum Salat geben und gut vermischen.

Tipp: Die Italiener lieben auch zu Weihnachten herzhaftes Blattgemüse, das entweder geschmort oder wie hier in einem Salat kombiniert wird. Das Gemüse sorgt bei den Schlemmerfesten nicht nur für zusätzliche Vitamine, sondern regt durch seine Bitterstoffe die Verdauung an.

Herzhafter Polentaauflauf

500 ml Wasser
500 ml Milch
1 TL Meersalz
200 g Maisgrieß
2 EL fein gehackter Oregano
2 EL Olivenöl
Olivenöl für die Tarteform

Belag
10 in Öl eingelegte getrocknete Tomaten
1 Zwiebel
2 Knoblauchzehen
2 – 3 EL Olivenöl
500 g geraspeltes Weißkraut
12 entkernte schwarze Oliven
2 EL weißer Balsamessig
2 EL fein gehackte glatte Petersilie
1 EL fein gehackter Majoran
1 EL fein gehackter Thymian
100 ml Sahne
50 g geriebener Pecorino
Meersalz
frisch gemahlener schwarzer Pfeffer
125 g Mozzarella
3 EL Semmelbrösel
½ TL scharfes Paprikapulver

❄ Wasser, Milch und Salz im Topf zum Kochen bringen.
❄ Maisgrieß unter Rühren einrieseln lassen. Kurz aufkochen, den Topf vom Herd nehmen und Oregano sowie Olivenöl unterrühren. Mit aufgelegtem Deckel zurück auf die ausgeschaltete Herdplatte stellen und 10 Minuten ausquellen lassen.

❄ Die Polenta in eine gut gefettete Tarteform geben und glatt streichen.
❄ Für den **Belag** die Tomaten in feine Streifen schneiden.
❄ Zwiebel und Knoblauch schälen, fein hacken und im heißen Olivenöl anschwitzen.
❄ Weißkraut dazugeben und so lange schmoren, bis es in sich zusammenfällt.
❄ Die Tomaten, halbierten Oliven, den Balsamessig und die Kräuter unterrühren. Sahne sowie Pecorino dazugeben und das Gemüse 3 bis 4 Minuten schmoren.
❄ Das Gemüse mit Salz und Pfeffer abschmecken und auf der Polenta verteilen.
❄ Mozzarella fein würfeln und den Auflauf damit überstreuen.
❄ Semmelbrösel und Paprikapulver darüber verteilen.
❄ Auflauf im Backofen bei 200 °C 45 bis 50 Minuten backen, bis die Oberfläche gebräunt ist.

Maxiravioli mit Ricotta-Kräuter-Füllung

Für 4 bis 6 Portionen
Ravioli
400 g Weizenmehl (Type 1050)
100 g Hartweizengrieß
1 – 2 TL Meersalz
4 Eier
3 EL Olivenöl
etwa 50 ml Wasser

Ricotta-Kräuter-Füllung
2 – 3 Knoblauchzehen
70 g Rucola
500 g Ricotta
4 – 5 EL fein gehackte, gemischte italienische Kräuter (Oregano, Thymian, Basilikum, Rosmarin, Majoran)
Meersalz
frisch gemahlener weißer Pfeffer

etwa 4 l kräftige Gemüsebrühe
geriebener Parmesan nach Belieben

- Für die **Ravioli** die trockenen Zutaten miteinander vermischen.
- In der Mitte des Mehls eine Mulde ausformen und die verquirlten Eier, das Olivenöl und Wasser hineingeben. Alles von der Mitte her zu einem geschmeidigen Teig verkneten.
- Den Teig zur Kugel formen, in Frischhaltefolie einschlagen und 1 Stunde im Kühlschrank ruhen lassen.
- Für die **Füllung** den Knoblauch schälen und sehr fein hacken. Rucola sehr fein hacken und mit Knoblauch und Ricotta vermischen. Die Kräuter unterziehen und mit Salz und Pfeffer würzen.

- Den Teig halbieren. Die Teighälften auf der bemehlten Arbeitsfläche dünn ausrollen. Die Teigfladen der Länge nach in etwa sieben Zentimeter breite Streifen schneiden. Die Streifen in mittelgroße Rechtecke schneiden.
- Auf die Hälfte der Teigrechtecke jeweils einen gehäuften Esslöffel Füllung setzen.
- Die andere Hälfte der Teigrechtecke vorsichtig auflegen. Die Ränder der gefüllten Nudeln mit den Zinken einer Gabel kräftig zusammendrücken.
- Die Ravioli in zwei Portionen jeweils 10 bis 12 Minuten in der heißen Brühe garen.
- Die fertigen Ravioli der ersten Portion während des Garens der zweiten Portion mit etwas abgeschöpfter Brühe in einer Schüssel bei 60 °C im Backofen warm halten.
- Zum Servieren die Ravioli in Suppenteller geben, mit ein wenig Brühe übergießen und, falls gewünscht, mit etwas geriebenem Parmesan überstreuen.

Tipp: Wenn Ihnen die Maxiravioli zu groß sind, können Sie die Teigrechtecke nach Belieben kleiner zurechtschneiden.

Minipanettone

Für 12 Minipanettone
500 g Weizenmehl (Type 1050)
60 g Roh-Rohrzucker
1 Päckchen Trockenhefe
½ TL Meersalz
3 Eier
150 g weiche Butter oder Margarine
50 ml lauwarme Milch
100 g Rosinen oder Sultaninen
100 g fein gewürfeltes Orangeat
3 EL fein gehackte grüne Pistazienkerne
Butter oder Öl für die Muffinförmchen
1 – 2 EL Milch
2 EL Roh-Rohrzucker

- Die trockenen Zutaten miteinander vermischen.
- In der Mitte des Mehls eine Mulde ausformen und die verquirlten Eier sowie die Butter hineingeben. Von der Mitte her mit dem Mehl vermischen.
- Die Milch dazugeben und alles zu einem glatten Teig verkneten.
- Die Rosinen, das Orangeat und die Pistazienkerne unterkneten.
- Den Teig zur Kugel formen und abgedeckt an einem warmen Ort 2 Stunden gehen lassen.
- Danach den Teig noch einmal kurz durchkneten und weitere 40 Minuten gehen lassen.
- Den Teig in zwölf etwa gleich große Portionen teilen. Diese zwischen den Handflächen zu Kugeln formen und jeweils in ein gut gefettetes Muffinförmchen setzen.
- Nochmals 20 Minuten gehen lassen.

- Die Minipanettone mit der Milch bestreichen und dem Zucker überstreuen.
- Im Backofen bei 180 °C 25 bis 30 Minuten backen.

Tipp: In einem verschließbaren Gefäß halten sich die Minipanettone bis zu zwei Wochen.

Maronen-Halbgefrorenes

Für 4 bis 6 Portionen
250 ml Milch
50 g Roh-Rohrzucker
150 ml Sahne
4 EL flüssiger Waldhonig
200 g gekochte Maronen
1 unbehandelte Zitrone
250 g Ricotta
1 TL Lebkuchengewürz

- Milch und Zucker unter Rühren zum Kochen bringen. Den Topf vom Herd nehmen und die Sahne und den Honig unterrühren.
- Die Maronen in der Küchenmaschine staubfein zerkleinern. Schale der Zitrone abreiben und den Saft der Zitrone auspressen. Maronen mit der abgeriebenen Zitronenschale, dem Zitronensaft, Ricotta und Lebkuchengewürz verrühren.
- Die Maronenmasse zur Milch geben und mit dem Pürierstab kurz pürieren.
- Die Maronenmasse in eine Schüssel füllen und in das Gefriergerät stellen.
- Die Maronenmasse während des Gefrierens – Dauer 2 bis 2 ½ Stunden – etwa alle 30 Minuten von den Rändern der Schüssel ausgehend mit einem Holzspatel oder einer Gabel umrühren, bis das Maronen-Halbgefrorene zu einer sämigen Creme gestockt ist.

Tipp: Wenn Sie die Creme zu lange im Gefriergerät lassen, wird sie sehr hart. Zum Servieren können Sie dann mit einem Eisportionierer kleine Kugeln abschaben oder Sie lassen die Masse auf die gewünschte Konsistenz auftauen. Das Halbgefrorene lässt sich auch in einer Eismaschine zubereiten.

Schöni Wiehnacht!

Schweiz

Samichlaus, Schmutzli und Wiehnachtspäckli

Den Heiligen Abend mit der Familie in einer tief verschneiten Berghütte zu verbringen, am prasselnden Kaminfeuer an einem Punsch zu nippen und dabei zu lauschen, wann das zarte Klingen von Silberglöckchen die Ankunft des Christkindes ankündigt – davon träumen viele. Auch oder gerade die Schweizer. Statistisch gesehen finden weiße Weihnachten allerdings – zumindest im Schweizer Mittelland – nur alle vier Jahre statt und dauern dann maximal drei Tage. In den Bergregionen stehen die Chancen auf Schnee zu Weihnachten besser.

Das tut der Freude der Schweizer an ihrer *Wiehnacht* keinen Abbruch: Etwa siebzig Prozent geben an, sich auf das Fest im Kreise ihrer Liebsten zu freuen. Etwa der gleiche Prozentsatz stellt einen Tannenbaum in der guten Stube auf. Dieser erstrahlt auch heute noch vorzugsweise im Glanz echter Kerzen. Elektrische Lichterketten finden in Schweizer Haushalten nur wenig Freunde. Der Weihnachtsbaum an sich kam erst recht spät, zu Beginn des 20. Jahrhunderts in die Schweiz.

Andere Weihnachtsbräuche haben dagegen eine jahrhundertealte Tradition. Seit Langem wird den Kindern das Warten auf das Christkind durch Adventskalender verkürzt. In einigen Dörfern und Städten werden in der Adventszeit vierundzwanzig Fenster verschiedener Häuser mit Nummern versehen, weihnachtlich herausgeputzt und bei Einbruch der Dunkelheit erleuchtet. Am jeweils zugeordneten Abend versammeln sich Gäste vor dem Adventsfenster, um mit den Gastgebern zu plauschen, Glühwein zu trinken, *Guetzli* wie die Basler Haselnuss-Schoko-Plätzchen (siehe Seite 102) und anderes Weihnachtsgebäck zu naschen. Anfang Dezember werden die Klausbräuche eingeleitet. Am *Samichlaus*-Tag, dem 6. Dezember, besucht der mit einem roten Mantel bekleidete *Samichlaus* in Begleitung seines ganz in Dunkel gehüllten und eine Rute schwingenden Gehilfen *Schmutzli* die Kinder. Nachdem diese ihre speziell eingeübten *Samichlaus*-Sprüche aufgesagt haben, werden sie mit Gaben aus dem Sack voller Nüsse, Mandarinen, Plätzchen und anderer Leckereien belohnt. Im italienischsprachigen Tessin und in der französischsprachigen Westschweiz wird dieser Part von weiblichen Pendants, nämlich von *Befana* und *Chauche vieille* übernommen. In den Dörfern am Vierwaldstätter See, insbesondere in Küssnacht am Rigi wird seit 1732 am Abend des 5. Dezember das Klausjagen zelebriert. Um die bösen Geister zu vertreiben, ziehen weiß gekleidete Burschen mit beleuchteten Bischofsmützen unter ohrenbetäubendem Lärm durch die Straßen.

Der Heilige Abend steht dann ganz im Zeichen der Familie. Nach dem Kirchgang bringt in der Regel das Christkind die *Wiehnachtspäckli*. In vielen Familien wird vor der Bescherung die Weihnachtsgeschichte vorgelesen und weihnachtliches Liedgut gesungen. Das beliebteste Weihnachtslied im deutschsprachigen Raum der Schweiz ist und bleibt »Stille Nacht«.

Selbstverständlich darf auch in der Schweiz ein üppiges Festmahl nicht fehlen. Mehr als die Hälfte der Schweizer schätzen dazu Fleisch, entweder als Rollschinken mit Kartoffelsalat oder als Fondue Chinoise. Da Käse jedoch die ausgesprochene Leib- und Magenspeise vieler Schweizer ist, dürfen auch an den Festtagen die typischen Käsegerichte wie Raclette oder Käsefondue nicht fehlen. Auch Gratins oder Tartes werden gerne mit Käse verfeinert. Käseliebhaber dürfen sich, und das nicht nur zu Weihnachten, in der Schweiz besonders gut aufgehoben fühlen, weil dort mehr als vierhundertfünfzig verschiedene Käsesorten produziert werden. Appenzeller, Emmentaler, Gruyère, Raclettekäse, Alpen Tilsiter und Tête de Moine gehören zu den beliebtesten Sorten. Allen Käseliebhabern sei somit *»Schöni Wiehnacht und e gueti Ziit!«* gewünscht.

Warmer Lauchsalat

4 große Stangen Lauch
3 – 4 EL Butter oder Rapsöl
100 ml Apfelsaft
5 EL gehackte Mandeln
2 EL fein gehackte krause Petersilie
2 EL weißer Balsamessig
Meersalz
frisch gemahlener weißer Pfeffer
80 g geriebener Gruyère

- Den Lauch in etwa zwei Zentimeter dicke Scheiben schneiden und in der heißen Butter anschwitzen.
- Mit dem Apfelsaft ablöschen. So lange bei mittlerer Temperatur schmoren, bis der Apfelsaft verkocht ist.
- Die Mandeln, Petersilie und den Balsamessig hinzufügen.
- Nochmals 2 bis 3 Minuten schmoren, dann mit Salz und Pfeffer abschmecken.
- Den Lauch in eine Schüssel geben und mit dem Käse vermischen.
- Den Salat noch warm servieren.

Maronen-Apfel-Rösti

Für 12 Maronen-Apfel-Rösti
1 Zwiebel
200 g gekochte Maronen
800 g Kartoffeln
1 Apfel
2 Eier
4 EL Weizenmehl (Type 1050)
4 EL fein gehackte krause Petersilie
1 – 2 TL Meersalz
3 – 4 Msp frisch geriebene Muskatnuss
frisch gemahlener schwarzer Pfeffer
Butter oder Öl zum Braten
200 g saure Sahne
2 EL fein gehackter Schnittlauch
2 – 3 Msp scharfes Paprikapulver

❄ Zwiebel schälen und mit den Maronen sehr fein hacken oder in der Küchenmaschine zerkleinern. Kartoffeln und Apfel schälen und raspeln. Alles in eine Schüssel geben.
❄ Die Eier in einer zweiten Schüssel verquirlen, zur Kartoffelmischung geben und mit dieser vermischen.
❄ Weizenmehl, Petersilie, Salz und Muskat unterrühren und die Röstimasse mit etwas Pfeffer abschmecken.
❄ Etwas Butter oder Öl in der Pfanne heiß werden lassen.
❄ Mit den Händen zwölf Rösti formen und diese jeweils von beiden Seiten in der Pfanne braten.
❄ Die saure Sahne mit Schnittlauch und Paprikapulver verrühren und zu den Rösti servieren.

Tipp: Die Kartoffeln dürfen auf keinen Fall in Wasser gewaschen werden. Es empfiehlt sich, die Kartoffeln nach dem Schälen mit etwas Küchenkrepp abzureiben.

Selleriecremesuppe mit glasierten Apfelspalten

1 kleine Zwiebel
2 – 3 EL Butter oder Rapsöl
1 Stange Lauch
1 kleiner Knollensellerie (700 – 750 g)
2 Lorbeerblätter
2 Gewürznelken
600 ml Gemüsebrühe
300 ml Milch
Saft einer halben Zitrone
4 EL Crème fraîche
Meersalz
frisch gemahlener weißer Pfeffer

Glasierte Apfelspalten
2 – 3 EL Butter oder Rapsöl
2 Äpfel
2 EL Roh-Rohrzucker
2 Msp gemahlener Zimt
4 Msp mildes Currypulver

❄ Die Zwiebel schälen, fein hacken und in der heißen Butter anschwitzen.
❄ Den Lauch in dünne Scheiben schneiden, zur Zwiebel geben und kurz anschwitzen.
❄ Den Knollensellerie schälen und mittelfein würfeln. Mit den Lorbeerblättern und Gewürznelken zum Lauch geben. Mit der Gemüsebrühe übergießen und das Gemüse in 15 bis 20 Minuten weich kochen.

- Den Topf vom Herd nehmen, die Lorbeerblätter und Gewürznelken entfernen und das Gemüse fein pürieren. Milch sowie Zitronensaft hinzufügen und nochmals kurz pürieren.
- Den Topf zurück auf den Herd geben und die Suppe zum Kochen bringen. Die Temperatur reduzieren, die Crème fraîche unterrühren und die Suppe 5 Minuten köcheln lassen. Mit Salz und Pfeffer abschmecken.
- Für die **glasierten Apfelspalten** die Butter erhitzen.
- Die Äpfel in dünne Spalten schneiden und bei hoher Temperatur kurz in der Butter anbraten. Zucker, Zimt und Currypulver dazugeben und die Temperatur reduzieren.
- Die Apfelspalten so lange schmoren, bis sie weich sind und sich der Zucker aufgelöst hat.
- Die Suppe auf vier Suppenteller verteilen und die Apfelspalten darübergeben.

Kräuter-Käse-Fondue

1 mittelgroße Zwiebel
2 Knoblauchzehen
3 EL Butter
480 g Appenzeller
480 g Gruyère
4 Msp frisch geriebene Muskatnuss
400 ml trockener Weißwein
4 EL Speisestärke
6 EL Wasser
80 ml Kirschwasser
1 Bund gemischte Gartenkräuter
(Petersilie, Schnittlauch, Kresse, Majoran)
frisch gemahlener weißer Pfeffer

- Zwiebel und Knoblauch schälen, fein hacken und im Fonduetopf in der heißen Butter anschwitzen.
- Den Käse mittelfein würfeln, zur Zwiebelmischung geben und bei mittlerer Temperatur zum Schmelzen bringen.
- Sobald der Käse Fäden zieht, Muskat und nach und nach den Weißwein dazugeben.
- Die Temperatur etwas erhöhen und den Käse vollständig zum Schmelzen bringen.
- Die Speisestärke mit dem Wasser glattrühren und mit dem Kirschwasser zur Käsemasse geben. Die Käsemasse unter ständigem Rühren kurz aufkochen, bis sie sämig ist. Die Temperatur reduzieren und das Fondue 3 bis 4 Minuten köcheln lassen.
- Die fein gehackten Kräuter unterziehen und mit etwas Pfeffer würzen.
- Den Fonduetopf auf das bereits angezündete Rechaud stellen und das Käsefondue mit den Beilagen genießen.

Tipp: Käsefondue ist eine der wenigen Speisen, bei der die Zugabe von Alkohol fast unerlässlich ist. Der Alkohol sorgt zum Beispiel dafür, dass sich die Käsemasse sämig rühren lässt.
Wer dennoch auf Alkohol verzichten möchte, kann den Weißwein durch 400 ml ungesüßten Apfelsaft oder durch Gemüsebrühe mit 2 EL Weißweinessig ersetzen. Das Kirschwasser lässt sich durch 80 ml Sahne plus 1 bis 2 Spritzer Zitronensaft austauschen. Falls die Käsemasse ohne Alkohol nicht sämig wird, empfiehlt es sich, das Ganze mit dem Pürierstab zu pürieren. Falls das Fondue hartnäckig klumpt, nochmals 2 bis 3 EL Speisestärke in 3 EL Wasser glattrühren und zur Käsemasse geben.

Beilagen zum Fondue

Käsefondue harmoniert sowohl mit herzhaften als auch süßen Beilagen, die – jeweils in mundgerechte Stücke geschnitten – in den Käse getunkt werden.

- **Herzhafte Beilagen** können 2 rote Paprikaschoten, 200 g kleine braune Champignons, 120 g entkernte grüne oder schwarze Oliven, 250 g Kirschtomaten und 8 Gewürzgurken sein.
- **Süße Beilagen** können 1 kleine Ananas, 2 Birnen oder Äpfel, 2 Orangen und 250 g rote oder weiße Weintrauben sein.
- Die klassische **Brotbeilage** zum Fondue ist geröstetes Baguette oder Weißbrot, obwohl auch Sauerteigbrot gut schmeckt. Für vier Personen rechnet man etwa 500 g Brot. Anstelle des Brotes können auch etwa 750 g gekochte kleine Pellkartoffeln gereicht werden.
- Da Käsefondue etwas schwer im Magen liegen kann, empfiehlt sich als **Getränk** nicht unbedingt Wein, sondern eher schwarzer Tee, Kräutertee oder stilles Mineralwasser.

Basler Käsewähe

Für 1 Tarteform (26 cm Durchmesser)
Teig
150 g Weizenmehl (Type 1050)
100 g Weizenvollkornmehl
1 ½ TL Weinsteinbackpulver
1 TL Meersalz
150 g Magerquark
etwa 5 EL Milch
4 EL Rapsöl oder Sonnenblumenöl
4 EL fein gehackte krause Petersilie
Butter oder Öl für die Tarteform

Füllung
3 Eier
250 ml Sahne
120 g saure Sahne
1 TL Meersalz
1 TL mildes Paprikapulver
3 – 4 Msp frisch geriebene Muskatnuss
frisch gemahlener weißer Pfeffer
150 g geriebener Emmentaler
150 g geriebener Raclettekäse

❄ Für den **Teig** die trockenen Zutaten miteinander vermischen.
❄ Den Quark mit der Milch, dem Rapsöl und der Petersilie verrühren.
❄ In der Mitte des Mehls eine Mulde ausformen und das Quarkgemisch hineingeben. Von der Mitte her alles zu einem glatten, geschmeidigen Teig verkneten.
❄ Den Teig zur Kugel formen, in Frischhaltefolie einschlagen und entweder 1 Stunde im Kühlschrank oder 15 Minuten im Tiefkühlfach ruhen lassen.

- Den gekühlten Teig gut einen halben Zentimeter dick ausrollen und eine gut gefettete Tarteform mit dem Teig auskleiden.
- Den Teig im Backofen bei 200 °C etwa 5 Minuten vorbacken.
- Für die **Füllung** die Eier mit Sahne und saurer Sahne verquirlen. Salz, Paprikapulver und Muskatnuss unterrühren. Mit etwas Pfeffer würzen.
- Den geriebenen Käse auf dem vorgebackenen Teigboden verteilen.
- Den Eierguss über den Käse geben und glatt streichen.
- Die Käsewähe im Backofen bei 200 °C in 40 bis 45 Minuten fertig backen.

Basler Haselnuss-Schoko-Plätzchen

Für 70 bis 75 Plätzchen
3 Eiweiß
250 g Roh-Rohrzucker
1 Msp feines Meersalz
4 Msp gemahlener Zimt
2 Msp gemahlene Gewürznelken
350 g gemahlene Haselnusskerne
200 g Zartbitterschokolade
oder 100 g Zartbitterschokolade und
100 g Vollmilchschokolade
60 g Kakaopulver
4 EL (25 g) Speisestärke
3 EL Kirschwasser nach Belieben
50 g Roh-Rohrzucker

- Eiweiß mit Zucker, Salz, Zimt und Nelken schaumig rühren.
- Gemahlene Haselnusskerne, geraspelte Schokolade, Kakao, Speisestärke und gegebenenfalls das Kirschwasser zum Eiweißschaum geben.
- Alles zu einem glatten, etwas klebrigen Teig verkneten.
- Den Teig zur Kugel formen, in Frischhaltefolie einschlagen und mindestens 2, noch besser 4 Stunden im Kühlschrank ruhen lassen.
- Den Teig danach in vier Portionen aufteilen.
- Die Arbeitsfläche mit dem Zucker bestreuen und jede Teigportion gut ein Zentimeter dick darauf ausrollen. Dazu die Teigoberfläche am besten mit Frischhaltefolie abdecken.
- Aus dem Teig Sternchen oder andere Formen ausstechen und diese auf mit Backpapier ausgelegte Backbleche geben.
- Die Plätzchen im Backofen bei 180 °C etwa 8 Minuten backen. Sie sollten nach dem Backen im Inneren noch etwas saftig sein.

Frohe Weihnacht!

Österreich

Wenn das Christkind in der stillen Nacht kommt

In Österreich erzählt man sich im Advent neben der »offiziellen« Weihnachtsgeschichte gerne eine zweite: Zu Weihnachten im Jahr 1818 trug es sich zu, dass sich die alte Orgel in der Kirche St. Nicola in Oberndorf bei Salzburg in einem so schlechten Zustand befand, dass sie nicht mehr bespielbar war. Weil Weihnachten ohne Musik für die Bewohner von Oberndorf jedoch kein Weihnachten gewesen wäre, schufen der Dorfschullehrer und Organist Franz Xaver Gruber und der Hilfspfarrer Joseph Mohr für die Christmette eine Melodie für zwei Solostimmen mit Gitarrenbegleitung. Die einfache, leise Weise über die »Stille Nacht, Heilige Nacht« wurde zuerst von der Dorfgemeinschaft und später von der ganzen Welt mit Begeisterung aufgenommen. Inzwischen ist der Text in mehr als dreihundert Sprachen und Dialekte übersetzt worden. Wen wundert es, dass »Stille Nacht, Heilige Nacht« nicht nur, aber vor allem in Österreich am Heiligen Abend das am häufigsten gesungene Weihnachtslied ist?

Auch in vielen anderen (weihnachtlichen) Bereichen lieben und pflegen die Österreicher ihre Traditionen. Die vier Wochen vor Weihnachten, österreichisch *Adventzeit* und nicht wie im Deutschen Adventszeit genannt, sind eine Zeit der Besinnung und Beschaulichkeit. Dementsprechend entzündet man an jedem Sonntag eine weitere *Adventkerze* und die Kinder öffnen die Türchen ihrer *Adventkalender.*

Um einen Glühwein zu trinken und kleine, kunsthandwerkliche Geschenke zu kaufen, trifft man sich auf dem Christkindlmarkt. Am Abend des 5. Dezember kommt Nikolo in Begleitung seines Furcht erregenden Gesellen Krampus zu den Kindern. Die Regeln sind seit Jahr und Tag gleich: Wer brav war, wird belohnt. Wer weniger brav war, bekommt Krampus Rute zu spüren. Da die österreichischen Kinder jedoch wissen, was sich gehört, freuen sich alle über Äpfel, Nüsse, Weihnachtsplätzchen und kleine Geschenke aus Nikolos Jutesack.

In den folgenden Tagen sind die Kinder eifrig mit dem Schreiben von Wunschzetteln beschäftigt. Diese werden auf die Fensterbank gelegt und nachts vom Christkind abgeholt. Überhaupt spielt das Christkind und nicht der Weihnachtsmann in Österreich die Weihnachtshauptrolle. So warten am Heiligen Abend alle Kinder mehr oder minder geduldig auf das Christkind. Wenn dann ein Glöckchen läutet und sich die Tür zum Wohnzimmer mit dem festlich geschmückten Christbaum öffnet, ist es endlich so weit: Das Christkind ist gekommen. Auf leisen Flügeln und durch das geöffnete Fenster. Es ist Zeit für »Stille Nacht«!

Wenn das letzte Weihnachtslied verklungen ist und die Geschenke ausgepackt sind, versammelt man sich zum Festmahl. Dieses besteht traditionell aus Karpfen oder Truthahn. Ein absoluter *Schmarrn* – österreichisch und süddeutsch für Unsinn – ist jedoch die Behauptung, dass alle Freunde der fleischlosen Kost in Österreich an Weihnachten darben müssen. Ganz im Gegenteil. Deftige Salate, mit heimischem Kürbiskernöl verfeinert, können das kulinarische Vorspiel zu raffinierten Mehlspeisen wie herzhaft gefüllten Palatschinken (siehe Seite 108) oder süßem, weihnachtlich schmeckendem Kaiserschmarren sein (siehe Seite 111). Nach einem kleinen Verdauungsspaziergang wärmt ein gehaltvoller Jagatee wieder auf (siehe Seite 114). Und dann ist es erneut an der Zeit, am Weihnachtsgebäck zu naschen. Die Weihnachtshitliste diesbezüglich führen in Österreich noch immer die Vanillekipferl an. Mindestens genauso lecker sind die mit Aprikosenmarmelade gefüllten Kürbiskernkekse (siehe Seite 112). In Österreich feiert man mit Genuss, sodass sich die »Stille Nacht« auch für Vegetarier als äußerst schmackhafte Nacht erweist.

Steirischer Erdäpfelsalat

1,2 kg festkochende Kartoffeln
Meersalz
4 – 5 EL Kürbiskerne
2 rote Zwiebeln
4 Gewürzgurken
½ Bund glatte Petersilie
200 ml heiße Gemüsebrühe
3 EL Kürbiskernöl
3 EL Sonnenblumenöl
3 EL Apfelessig
Meersalz
frisch gemahlener schwarzer Pfeffer

❄ Die Kartoffeln als Pellkartoffeln in reichlich Salzwasser bissfest garen.
❄ Die Kürbiskerne in der trockenen Pfanne kurz anrösten, danach abkühlen lassen.
❄ Die Zwiebeln schälen und ebenso wie die Gewürzgurken fein würfeln. Die Petersilie fein hacken.
❄ Die gekochten Kartoffeln in einen Durchschlag geben, kurz mit kaltem Wasser abschrecken und abtropfen lassen. Die Kartoffeln pellen, in Scheiben schneiden und mit den Gewürzgurken, Zwiebeln, Kürbiskernen und der Petersilie in eine Schüssel geben.
❄ Die Gemüsebrühe darübergießen. Die Öle und den Apfelessig dazugeben und alles vorsichtig vermischen. Den Kartoffelsalat mit Salz und Pfeffer abschmecken.

Tipp: Wenn Sie ein ausgesprochener Freund von Kürbiskernöl sind, können Sie das Sonnenblumenöl auch durch Kürbiskernöl ersetzen.

Vogerlsalat mit gebratenen Pilzen

300 g Vogerlsalat (Feldsalat)
200 g Pfifferlinge, Seitlinge, Austernpilze
oder braune Champignons
2 – 3 EL Butter
Meersalz
frisch gemahlener weißer Pfeffer

Dressing
3 EL Rapsöl oder Sonnenblumenöl
2 EL Walnussöl
2 EL Himbeeressig
3 – 4 EL fein gehackte krause Petersilie
Meersalz
frisch gemahlener weißer Pfeffer

❄ Den Vogerlsalat waschen, putzen und trockenschleudern.
❄ Die Pilze säubern, falls nötig zerkleinern und in der heißen Butter kurz braten. Mit Salz und Pfeffer würzen.
❄ Für das **Dressing** alle Zutaten verrühren und mit Salz und Pfeffer abschmecken.
❄ Das Dressing über den Vogerlsalat gießen und vorsichtig untermischen.
❄ Den Vogerlsalat auf vier große Teller verteilen und die gebratenen Pilze darübergeben.

Herzhaft gefüllte Palatschinken

Für 8 Palatschinken
Palatschinken
250 g Weizenmehl (Type 1050)
1 – 2 TL Meersalz
500 ml Milch
4 Eier
8 TL Butter oder Rapsöl

Füllung
1 Zwiebel
2 EL Butter oder Rapsöl
2 Rote Beten (etwa 700 g)
2 Karotten
4 EL saure Sahne
4 EL grob gehackte Walnusskerne
2 EL Rotweinessig
3 EL fein gehackte krause Petersilie
1 EL fein gehackter Dill
Meersalz
frisch gemahlener schwarzer Pfeffer

4 – 5 EL Butter

- Für die **Palatschinken** das Mehl mit dem Salz vermischen. Unter Rühren die Milch hinzufügen.
- Die Eier einzeln aufschlagen und zum Teig geben.
- Den Teig abgedeckt im Kühlschrank 30 Minuten ruhen lassen.
- Den Teig noch einmal kurz durchrühren und daraus acht Palatschinken backen. Dazu jeweils 1 TL Butter in der Pfanne heiß werden lassen, eine große Schöpfkelle voll Teig in die heiße Pfanne gießen und den Palatschinken von beiden Seiten ausbacken.

- Die fertigen Palatschinken im Backofen bei 60 °C warm halten, bis der ganze Teig verarbeitet ist.
- Für die **Füllung** die Zwiebel schälen, fein hacken und in der heißen Butter anschwitzen.
- Rote Beten sowie Karotten schälen und raspeln. Beide Gemüse zur Zwiebel geben und bissfest garen.
- Saure Sahne, Walnusskerne, Essig und Kräuter unter das Gemüse rühren und nochmals 2 bis 3 Minuten schmoren. Die Füllung mit Salz und Pfeffer abschmecken.
- Die Palatschinken mit dem Gemüse belegen und zusammenklappen oder aufrollen.
- Die Butter in der Pfanne leicht anbräunen und die Palatschinken damit beträufeln.

Geröstete Grießsuppe

1 mittelgroße Zwiebel
1 Knoblauchzehe
4 EL Butter oder Rapsöl
70 g Hartweizengrieß, Dinkelvollkorngrieß oder Grünkerngrieß
1 ½ l Gemüsebrühe
1 – 1 ½ TL Meersalz
2 Eier
2 EL Weißweinessig
5 EL fein gehackter Schnittlauch
2 EL fein gehackte krause Petersilie
Meersalz
frisch gemahlener weißer Pfeffer

- Zwiebel und Knoblauch schälen, fein hacken und in 2 EL heißer Butter anschwitzen.
- Restliche Butter in einem zweiten kleinen Topf erhitzen und den Grieß darin anrösten.
- Grieß zur Zwiebelmischung geben und mit der Gemüsebrühe übergießen. Das Salz hinzufügen. Die Suppe zum Kochen bringen. Danach die Temperatur reduzieren und die Suppe etwa 10 Minuten köcheln lassen.
- Die Eier mit dem Weißweinessig verquirlen.
- Die Suppe nochmals zum Kochen bringen und die Eier hineinrühren.
- Die Temperatur reduzieren und die Suppe nochmals 5 Minuten köcheln lassen.
- Die Kräuter dazugeben und die Suppe mit Salz und Pfeffer abschmecken.

Tipp: Die geröstete Grießsuppe schmeckt mit knusprigem Bauernbrot besonders gut.

Kaiserschmarren mit Rumrosinen

Für 4 Kaiserschmarren
80 g Rosinen
4 EL Rum
oder schwarzer Tee mit einigen Tropfen Rumaroma
320 g Weizenmehl (Type 1050)
100 g blanchierte, gemahlene Mandeln
80 g Roh-Rohrzucker
2 EL Lebkuchengewürz
1 TL Weinsteinbackpulver
6 Eier
½ Vanilleschote
2 Msp Meersalz
600 ml Milch
4 EL Butter oder Margarine
4 EL gesiebter Puderzucker

❄ Die Rosinen 1 Stunde im Rum ziehen lassen.
❄ Die trockenen Zutaten miteinander vermischen.
❄ Die Eier trennen und das Eigelb mit dem Mark der Vanilleschote verrühren.
❄ Eiweiß mit dem Salz sehr steif schlagen und kalt stellen.
❄ Das Eigelb mit der Milch zum Mehl geben und zu einem cremigen Teig verrühren.
❄ Die Rosinen zum Teig geben und den Teig 15 Minuten ruhen lassen.
❄ Danach das Eiweiß vorsichtig unter den Teig ziehen.
❄ Pro Kaiserschmarren 1 EL Butter in der Pfanne heiß werden lassen und jeweils ein Viertel des Teigs wie einen Pfannkuchen ausbacken. Die fertigen Pfannkuchen jeweils mit Hilfe von zwei Gabeln in mundgerechte Stücke zerreißen.
❄ Jeden Kaiserschmarren vor dem Servieren mit 1 EL Puderzucker überstreuen.

Kürbiskernkekse

Für etwa 21 Doppelkekse
100 g Kürbiskerne
200 g Weizenvollkornmehl
2 Msp Meersalz
50 g gesiebter Puderzucker
½ TL gemahlener Zimt
2 Msp gemahlene Gewürznelken
100 g Butter oder Margarine
2 EL Kürbiskernöl
3 EL Eiswasser
4 – 5 EL Aprikosenkonfitüre

❄ Die Kürbiskerne fein mahlen und mit den übrigen trockenen Zutaten vermischen.
❄ Die Butter in Flöckchen dazugeben.
❄ Die Mischung mit Kürbiskernöl und Eiswasser zu einem glatten Teig verkneten.
❄ Den Teig zur Kugel formen, in Frischhaltefolie einschlagen und entweder 1 Stunde im Kühlschrank oder 15 Minuten im Tiefkühlfach ruhen lassen.
❄ Den Teig auf der bemehlten Arbeitsfläche dünn ausrollen und mit einem runden Plätzchenausstecher oder einem kleinen Glas etwa zweiundvierzig kleine Kreise, jeweils mit etwa vier Zentimeter Durchmesser, ausstechen.
❄ Die Kürbiskernkekse auf mit Backpapier ausgelegte Backbleche legen und im Backofen bei 180 °C etwa 12 Minuten backen.
❄ Die Kekse etwas abkühlen lassen.
❄ Zum Zusammensetzen der Kekse jeweils einen Klecks Aprikosenkonfitüre auf einen Keks geben und einen zweiten Keks auflegen.

Tipp: Sollte der Teig beim zweiten oder dritten Ausrollen anfangen zu reißen, feuchten Sie die Hände leicht mit kaltem Wasser an und kneten Sie den Teig mit den feuchten Händen noch einmal kurz durch.

Jagatee

1 unbehandelte Zitrone
700 ml starker schwarzer Tee
500 ml Rotwein
2 Zimtstangen
4 Gewürznelken
80 ml (100 g) flüssiger Waldhonig
15 – 30 ml Rum
15 – 30 ml Obstler
Roh-Rohrzucker nach Belieben

- ❄ Die Zitrone ungeschält in dünne Scheiben schneiden und mit dem Tee, Rotwein, den Zimtstangen und Gewürznelken in einen Topf geben.
- ❄ Die Mischung kurz zum Kochen bringen, dann die Temperatur reduzieren und 15 Minuten ziehen lassen.
- ❄ Waldhonig, Rum und Obstler unterrühren und nochmals 5 Minuten ziehen lassen.
- ❄ Den Jagatee nach Belieben mit Zucker abschmecken und heiß servieren.

Tipp: Jagatee war ursprünglich eine Spezialität, die Jäger, Förster oder Waldarbeiter genossen, um sich nach einem Arbeitstag in den verschneiten Bergregionen wieder aufzuwärmen. Heute wird Jagatee nicht nur auf den Skihütten, sondern ebenso auf den Christkindlmärkten angeboten. Industriell angefertigter Jagatee enthält im Durchschnitt zwölf bis fünfzehn Volumenprozent Alkohol. Sie können den Alkoholgehalt des selbst zubereiteten Jagatees beliebig variieren, indem Sie entweder mehr oder weniger Hochprozentiges dazugeben.

Fröhliche Weihnachten!

Deutschland

Eine kulinarische Weihnachtsgeschichte

An einem Tag Ende November oder Anfang Dezember ist es wieder so weit. Man läuft auf den ganz normalen Alltagswegen durch die Straßen, hält plötzlich inne, schnuppert: Und da ist er wieder, dieser Duft nach Zucker und zerlassener Butter, nach Anis, Kardamom, Muskat, Nelken, Piment und Zimt. Vom Himmel her scheint er wie eine engelsüße Duftwelle herunterzuschweben und doch ist er irdischen Ursprungs. Die Weihnachtsbäckerei hat begonnen. Aus professionellen wie heimischen Backstuben kommen nun wieder Lebkuchen und Spritzgebäck, Vanillekipferl und Kokosmakronen, Dominosteine und Zimtsterne, Früchtebrot und Stollen auf den Adventskaffeetisch.

Auch in Deutschland ist Weihnachten alle Jahre wieder eine magische Zeit, die Groß und Klein verzaubert. Und das nicht nur wegen der zu erwartenden Geschenke. In der Weihnachtszeit »made in Germany« besinnt man sich viel mehr wieder der althergebrachten Traditionen und versucht, der Adventshast und Weihnachtshektik entgegenzutreten. Zusammen mit der Familie oder Freunden singt und bastelt man an den Adventswochenenden, backt Weihnachtsgebäck und nippt dabei an heißem Punsch oder Glühwein. Das Backen und Kochen in Vorbereitung auf das Weihnachtsfest hat in Deutschland eine lange Tradition. Schon die alten Germanen buken für das Wintersonnwendfest kleine Küchlein, die den Göttern als Opfergaben dargebracht wurden. Später war das Weihnachtsgebäck nur den reichen Haushalten vorbehalten, da Zucker, Butter, Weißmehl und nicht zuletzt die typischen Gewürze sehr teuer waren. Erst in der Mitte des 19. Jahrhunderts verbreiteten sich die kleinen Weihnachtsleckereien auch in den Stuben der ärmeren Bevölkerung.

Wesentlich älter ist der deutsche Weihnachtsklassiker schlechthin, der Christstollen. Seine erste urkundliche Erwähnung erfuhr der Christstollen 1329 in Naumburg an der Saale als Weihnachtsgabe für Bischof Heinrich. Knapp einhundertfünfzig Jahre später verfeinerte der Hofbäcker von Schloss Hartenfels in Torgau das ursprünglich magere, da für das Adventsfasten gedachte, Hefegebäck durch die Zugabe von getrockneten Früchten. Ab 1500 wird der berühmteste Stollen, der Dresdner Christstollen, auf dem Striezelmarkt in Dresden verkauft. Heute gibt es viele verschiedene Stollenrezepte. Der auf Seite 118 vorgestellte Dinkel-Honig-Stollen ist eine köstliche, vollwertige Variante.

Nicht nur in den Gebäcksorten spiegelt sich die kulinarische Vielfältigkeit Deutschlands wider. Wer am Heiligen Abend dem Christkind gleich von Norden nach Süden, von Osten nach Westen über den Himmel huscht, wird auf Deutschlands Weihnachtstellern viele regionale Speisen vorfinden. In vielen Regionen hat sich der Brauch bewahrt, am 24. Dezember ein eher bescheidenes Mahl aufzutischen, damit der Weihnachtsgottesdienst, die Bescherung und Besinnlichkeit im Vordergrund stehen. Im Schwabenland besteht das traditionelle Heiligabendessen aus mit Essig und Öl angemachtem Kartoffelsalat und Saitenwürsteln. In Bayern isst man Weißwürstel mit süßem Senf und Brezeln. In Sachsen kommen Bratwurst und Sauerkraut mit Salzkartoffeln oder Klößen auf den Tisch. In Nordrhein-Westfalen hält man es ebenfalls einfach und begnügt sich mit Kartoffelsalat mit Wurst oder Heringssalat mit Roter Bete. Das eigentliche Festmahl wird erst am ersten Weihnachtsfeiertag eingenommen. Dazu kommt in ganz Deutschland gerne Gänsebraten auf den Tisch – eine Tradition, die ab etwa 1600 von den britischen Nachbarn übernommen wurde. Dass Genuss zu Weihnachten auch in Deutschland ganz ohne Gans möglich ist, beweisen die folgenden Rezepte. Bei gefüllten Rotkrautpäckchen mit Wildpreiselbeersauce (siehe Seiten 124 und 122) und Käsespätzle mit roten Röstzwiebeln (siehe Seiten 125 und 126) bleibt kein weihnachtlicher Schlemmerwunsch offen.

Dinkel-Honig-Stollen mit Früchten

Für 2 Kastenbackformen (30 cm Länge)

750 g Dinkelmehl (Type 630)
100 g gemahlene Mandeln
2 Päckchen Weinsteinbackpulver
½ TL gemahlener Zimt
2 Msp gemahlener Kardamom
2 Msp frisch geriebene Muskatnuss
2 Msp Meersalz
100 g getrocknete Aprikosen
100 g Korinthen
100 g Sultaninen
200 g weiche Butter oder Margarine
200 g flüssiger Honig
200 g Magerquark
2 Eier
4 EL weiche Butter oder Margarine
4 EL flüssiger Honig

- Die trockenen Zutaten in einer großen Schüssel vermischen.
- Die Aprikosen sehr fein würfeln und mit den Korinthen und Sultaninen zum Mehl geben.
- In der Mitte des Mehls eine Mulde ausformen und Butter, Honig und Quark hineingeben.
- Die Eier zuerst in einer kleinen Schüssel leicht verquirlen, dann ebenfalls in die Mehlmulde geben. Alles von der Mitte her zu einem geschmeidigen Teig verkneten.
- Zwei Kastenbackformen mit Backpapier auskleiden. Den Teig in zwei Portionen teilen, in die Kastenbackformen geben und glatt streichen.
- Den Teig 20 Minuten ruhen lassen.

❄ Die Stollen im Backofen zuerst bei 180 °C 40 Minuten backen. Danach die Temperatur auf 160 °C reduzieren und die Stollen weitere 15 bis 20 Minuten backen.
❄ Die noch heißen Stollen zuerst mit der Butter, dann mit dem Honig bestreichen.

Tipp: Die Stollen schmecken noch besser, wenn Sie sie vor dem Anschneiden, in Frischhaltefolie verpackt, eine Woche ruhen lassen.

Feldsalatsuppe mit karamellisierten Walnüssen

150 g Feldsalat
2 mittelgroße Kartoffeln (etwa 250 g)
2 Stangen Lauch
1 Zwiebel
1 – 2 Knoblauchzehen
2 – 3 EL Butter oder Rapsöl
700 ml Gemüsebrühe
100 g Schmelzkäse
2 EL weißer Balsamessig
3 – 4 Msp frisch geriebene Muskatnuss
250 ml Sahne
2 – 3 EL fein gehackter Schnittlauch
Meersalz
frisch gemahlener weißer Pfeffer

Karamellisierte Walnüsse
1 EL Butter oder Margarine
2 EL Roh-Rohrzucker
1 EL Wasser
1 EL roter Balsamessig
80 g grob gehackte Walnusskerne
2 – 3 Msp feines Meersalz
2 – 3 Msp frisch gemahlener weißer Pfeffer

❄ Den Feldsalat putzen und verlesen. Die Kartoffeln schälen und mittelfein würfeln. Den Lauch in dünne Scheiben schneiden.
❄ Zwiebel und Knoblauch schälen, fein hacken und in der heißen Butter anschwitzen.
❄ Lauch und Feldsalat zur Zwiebel-Knoblauch-Mischung geben und ebenfalls kurz anschwitzen.

- Kartoffeln und Gemüsebrühe zum Lauch geben und das Gemüse sehr weich kochen.
- Den Topf vom Herd nehmen und das Gemüse pürieren.
- Den Topf zurück auf den Herd stellen, den Schmelzkäse dazugeben und zum Schmelzen bringen.
- Balsamessig und Muskat zur Suppe geben und die Suppe nochmals kurz zum Kochen bringen. Die Temperatur reduzieren, die Sahne unterrühren, den Schnittlauch hinzufügen und die Suppe mit Salz und Pfeffer abschmecken.
- Für die **karamellisierten Walnüsse** die Butter in einer kleinen Pfanne erhitzen.
- Den Zucker hinzufügen und unter Rühren zum Schmelzen bringen. Wasser und Balsamessig dazugeben. So lange rühren, bis der Zucker anfängt zu karamellisieren.
- Die Walnusskerne zum Zucker geben und mit Salz und Pfeffer würzen.
- Die Suppe auf vier Suppenteller verteilen und mit den karamellisierten Walnüssen überstreuen.

Fruchtige Rotkrautpäckchen

1 l Wasser
2 EL Apfelessig
1 EL Roh-Rohrzucker
2 TL Meersalz
3 Wacholderbeeren
2 Gewürznelken
2 Lorbeerblätter
4 große Blätter Rotkraut

Füllung
1 Zwiebel
2 EL Butter oder Rapsöl
150 g Grünkerngrieß oder Grünkernschrot
400 ml Gemüsebrühe
80 g Walnusskerne
60 g getrocknete Aprikosen
100 g Joghurt
4 EL Tomatenmark
3 EL Sojasauce
3 EL fein gehackte krause Petersilie
1 EL fein gehackter Majoran
1 TL fein gehackter Rosmarin
1 TL Johannisbrotkernmehl
2 Msp gemahlener Kardamom
Meersalz
frisch gemahlener schwarzer Pfeffer

4 EL Butter
100 ml Gemüsebrühe

❄ Das Wasser mit Essig, Zucker, Salz, Wacholderbeeren, Gewürznelken und Lorbeerblättern zum Kochen bringen.

- Die Rotkrautblätter in den Sud geben, die Temperatur reduzieren und die Rotkrautblätter etwa 15 Minuten köcheln, bis sie weich und biegsam sind. Rotkrautblätter in ein Sieb geben, gut abtropfen und abkühlen lassen.
- Für die **Füllung** die Zwiebel schälen, fein hacken und in der heißen Butter anschwitzen. Grünkerngrieß zur Zwiebel geben und ebenfalls kurz anschwitzen. Die Gemüsebrühe hinzufügen und den Grieß in etwa 15 Minuten weich kochen.
- Die Walnusskerne und Aprikosen fein hacken und zum Grünkern geben.
- Joghurt, Tomatenmark und Sojasauce unterrühren. Kräuter, Johannisbrotkernmehl sowie den Kardamom dazugeben und die Füllung herzhaft mit Salz und Pfeffer abschmecken.
- Die Rotkrautblätter auf ein großes Küchenbrett oder die Arbeitsfläche legen. Die dicken Blattrippen mit einem scharfen Messer etwas abflachen.
- Die Füllung mittig auf den Rotkrautblättern verteilen und glatt streichen.
- Zuerst jeweils die obere und untere Hälfte jedes Rotkrautblattes zur Mitte hin einschlagen. Mit der rechten und linken Seite ebenso verfahren, sodass ein Päckchen entsteht. Die Rotkrautpäckchen jeweils mit etwas Küchengarn zusammenbinden.
- Die Butter in einer großen Ofenpfanne auf dem Herd erhitzen. Die Rotkrautpäckchen hineingeben, von jeder Seite 2 Minuten braten, mit der Gemüsebrühe übergießen und im Backofen bei 200 °C 50 bis 60 Minuten garen. Dabei einmal wenden.
- Die Rotkrautpäckchen mit der Wildpreiselbeersauce (siehe Seite 124) und den Käsespätzle (siehe Seite 125) servieren.

Tipp: Verwenden Sie den Rest vom Rotkraut für die Zubereitung des amerikanischen Krautsalats (siehe Seite 26) oder des niederländischen Würzrotkrauts (siehe Seite 41).

Wildpreiselbeersauce

1 Zwiebel
2 – 3 EL Butter oder Rapsöl
4 EL Weizenmehl (Type 1050)
250 ml Milch
150 ml trockener Sherry oder ungesüßter Apfelsaft
4 EL Wildpreiselbeeren
2 EL Sojasauce
2 EL saure Sahne
4 Msp mildes Currypulver
2 Msp gemahlener Koriander
Meersalz
frisch gemahlener weißer Pfeffer

- Die Zwiebel schälen, fein hacken und in der heißen Butter leicht anbräunen.
- Das Mehl unter Rühren einrieseln lassen und so lange anschwitzen, bis es eine goldene Farbe angenommen hat.
- Die Milch dazugießen und so lange rühren, bis keine Klümpchen mehr vorhanden sind.
- Den Sherry dazugeben und die Sauce zum Kochen bringen.
- Die Temperatur reduzieren und die Wildpreiselbeeren, Sojasauce, saure Sahne sowie Currypulver und Koriander dazugeben.
- Die Sauce unter gelegentlichem Rühren 10 Minuten köcheln lassen.
- Mit Salz und Pfeffer abschmecken und zu den Rotkrautpäckchen servieren (siehe Seite 122).

Goldene Käsespätzle

500 g Weizenmehl (Type 1050)
Meersalz
3 – 4 Msp Kurkuma
4 große Eier
280 – 300 ml sprudelndes Mineralwasser
300 g geriebener Hartkäse
(Emmentaler, Bergkäse oder Gruyère)

- Mehl, 1 TL Salz und Kurkuma in einer Schüssel vermischen.
- In der Mitte des Mehls eine Mulde ausformen und die Eier hineinschlagen. Die Eier von der Mitte her mit dem Mehl verrühren. Das Wasser in kleinen Portionen unter die Eier-Mehl-Mischung rühren, sodass ein glatter Teig entsteht. So lange rühren, bis der Teig anfängt Blasen zu werfen.
- In einem Topf vier Liter Salzwasser zum Kochen bringen.
- Den Teig portionsweise in die Spätzlepresse füllen und die Spätzle ins kochende Wasser pressen. Spätzle so lange kochen, bis sie an die Wasseroberfläche kommen. Die Spätzle mit einem Schaumlöffel entnehmen, in eine vorgewärmte Schüssel geben und gleich mit etwas geriebenem Käse überstreuen.
- Weiter so verfahren, bis alle Spätzle aus dem Kochwasser entnommen sind und der Käse aufgebraucht ist.
- Die Spätzle entweder als Beilage zu den Rotkrautpäckchen (siehe Seite 122) oder mit den roten Röstzwiebeln (siehe Seite 126) servieren.

Tipp: Wenn Sie spezielles Spätzlemehl verwenden, werden die Spätzle besonders fein. Vollwertiger werden die Spätzle, wenn Sie 350 g Weizenmehl (Type 1050) und 150 g Weizenvollkornmehl verwenden. Für diese Variante müssen Sie eventuell etwas mehr Wasser hinzufügen.

Rote Röstzwiebeln

500 g rote Zwiebeln
Öl für die Auflaufform
100 ml Gemüsebrühe
1 EL Roh-Rohrzucker
3 – 4 EL Rapsöl
2 EL Rotweinessig
5 – 6 Wacholderbeeren
1 EL fein gehackter Thymian
1 – 2 TL Meersalz
frisch gemahlener schwarzer Pfeffer

❄ Die Zwiebeln schälen und der Länge nach halbieren.
❄ Mit den Schnittflächen nach unten in eine gut gefettete Auflaufform legen und mit der Gemüsebrühe übergießen.
❄ Mit dem Zucker überstreuen und mit dem Rapsöl und Rotweinessig beträufeln.
❄ Die Wacholderbeeren mit der breiten Seite einer Messerklinge etwas zerdrücken und zu den Zwiebeln geben.
❄ Zwiebeln mit Thymian und Salz überstreuen und mit reichlich Pfeffer würzen.
❄ Die Zwiebeln im Backofen bei 200 °C etwa 1 Stunde schmoren, dabei in der ersten Hälfte der Garzeit mit der Brühe und dem austretenden Saft vom Boden der Auflaufform überträufeln.

God Jul!

Norwegen

Weihnachten ganz im Zeichen von Jul

In heidnischer Zeit feierte man zur Wintersonnenwende, also dem kürzesten Tag und der folgenden längsten Nacht des Jahres, das Julfest. Für die Germanen war dieses Fest das wichtigste im Jahr, weil man die Rückkehr der Sonne feierte. Die Sonne wurde dabei als Rad symbolisiert, welches auf Norwegisch *Hjul* heißt. Mit der Verbreitung des Christentums wurden die alten heidnischen Bräuche verdrängt. Der Name *Jul* blieb jedoch erhalten, sodass Weihnachten in Norwegen ganz im Zeichen von *Jul* steht.

Schon im November laden norwegische Arbeitgeber ihre Mitarbeiter zum *Julbord,* dem Weihnachtsfirmenessen, ein, bei dem Speis und vor allem Trank in großen Mengen aufgetischt werden, sodass sich die Feierlichkeiten oft bis in die frühen Morgenstunden hinziehen. Auf dem Land braut man das *Julöl,* ein dunkles Weihnachtsbier. Die Kinder trinken dagegen lieber *Julebrus,* ein süßes und rotes Brausegetränk, das es nur zu Weihnachten gibt. In den Küchen backt man, wie es in der Adventszeit Brauch ist, sieben verschiedene Sorten Weihnachtsplätzchen und den *Julekaker,* das Weihnachtsbrot (siehe Seite 137). Am 13. Dezember wird das ursprünglich aus Schweden stammende Lucia-Fest in Schulen und Kindergärten gefeiert, bei dem Lucia-Brötchen verteilt und Lucia-Lieder gesungen werden. Im Vergleich zu Deutschland werden die Häuser in Norwegen erst relativ spät weihnachtlich geschmückt, nämlich erst am 23. Dezember, der in Norwegen *Lille Julaften* genannt wird. An diesem Tag findet sich die ganze Familie vor dem Fernseher ein und schaut gemeinsam »Dinner for one«.

Am 24. Dezember, dem *Julaften,* wird zum Mittagessen Milchreis serviert. Um siebzehn Uhr läuten die Kirchenglocken den Heiligen Abend ein, der zuerst mit dem Besuch des Weihnachtsgottesdienstes und danach mit dem Weihnachtsmahl begangen wird. Was zum Festmahl auf den Tisch kommt, ist regional geprägt und reicht von Steckrübenbrei über gepökelte Lammrippe bis zu Lachs und Kabeljau. Das ganze Jahr über, aber vor allem in der Weihnachtszeit, sind auch *Kjøttkaker,* kleine Fleischfrikadellen, sehr beliebt. Fast jede norwegische Familie rühmt sich, dafür ein ganz besonderes Familienrezept im Besitz zu haben. Mindestens genauso lecker wie das Original ist die vegetarische Variante von Seite 132. Vor dem Essen bindet man für die Vögel des Waldes einen Bund Hafer, den *Julenek,* an den Zaun. Die Tiere im Stall bekommen ein besonderes Weihnachtsfutter. Nach dem Essen und vor der Bescherung zelebriert man den sogenannten »Rundgang um den Tannenbaum«, wozu man sich an den Händen fasst, einen Kreis bildet und Weihnachtslieder singend um den Weihnachtsbaum tanzt.

Allen braven Kindern (und Erwachsenen) bringt der *Julenisse,* der norwegische Weihnachtsmann, nach dem Tanz die Geschenke. Der *Julenisse* ist ein kleiner Kobold mit langem weißen Bart, der am Oslofjord sein weihnachtliches Zuhause samt Postadresse hat. Er trägt Kniebundhosen, handgestrickte Kniestrümpfe, einen Norwegerpullover und eine lange rote Zipfelmütze. Der *Julenisse* ist meistens fröhlich, kann jedoch schnell wütend werden, wenn er sich übergangen fühlt. Aus diesem Grund stellt man ihm am Heiligen Abend eine große Schale Milchreis vor die Tür.

In der Zeit zwischen Weihnachten und Silvester, die *Romjul* genannt wird, besucht man Freunde oder Verwandte oder geht zum Weihnachtsbaumfest, dem *Juletrefest,* bei dem man um den Weihnachtsbaum tanzt und Glühwein trinkt. Die Kinder begehen den *Julebukk,* den Weihnachtsbock, das heißt, sie verkleiden sich als Wichtel und ziehen von Tür zu Tür, um Weihnachtslieder zu singen und dafür Süßigkeiten zu erhalten. Das Weihnachtsfest dauert in Norwegen bis zum Dreikönigstag, in manchen Regionen sogar bis zum 13. Januar, dem Tag des heiligen Knut.

Sahnige Steckrübensuppe

1 Zwiebel
2 – 3 EL Butter oder Rapsöl
etwa 750 g Steckrüben
2 Kartoffeln (etwa 300 g)
750 ml Gemüsebrühe
2 EL Apfelessig
300 ml Sahne
½ Bund krause Petersilie
Meersalz
frisch gemahlener weißer Pfeffer

❄ Die Zwiebel schälen, fein hacken und in der heißen Butter anschwitzen.
❄ Die Steckrübe schälen, mittelfein würfeln, zur Zwiebel in den Topf geben, ebenfalls kurz anschwitzen, dann die geschälten und gewürfelten Kartoffeln hinzufügen.
❄ Das Gemüse mit der Gemüsebrühe übergießen und unter gelegentlichem Rühren in 20 bis 25 Minuten sehr weich kochen.
❄ Den Topf vom Herd nehmen und das Steckrübengemüse fein pürieren.
❄ Den Topf zurück auf den Herd stellen und die Suppe zum Kochen bringen. Kurz aufkochen lassen, die Temperatur reduzieren und zuerst den Apfelessig, dann die Sahne unterrühren.
❄ Die Petersilie fein hacken und unterrühren.
❄ Die Suppe mit Salz und Pfeffer abschmecken, 3 bis 4 Minuten ziehen lassen und servieren.

Dillkartoffeln mit Crème fraîche

1,3 – 1,4 kg Kartoffeln
Meersalz
2 EL Butter
5 EL Weizenmehl (Type 1050)
300 ml Kartoffelkochwasser
240 g Crème fraîche
3 – 4 EL fein gehackter Dill
Meersalz
frisch gemahlener weißer Pfeffer

❄ Die Kartoffeln schälen und mundgerecht würfeln.
❄ Kartoffeln in reichlich Salzwasser in etwa 15 Minuten garen. Darauf achten, dass die Kartoffeln nicht zu weich werden.
❄ Die Kartoffeln abgießen, dabei 300 ml Kochwasser auffangen.
❄ Die Butter in einem zweiten Topf erhitzen und das Mehl einrühren. Mehl kurz anschwitzen, dann das Kartoffelkochwasser in kleinen Portionen nach und nach unter ständigem Rühren zum Mehl geben. So lange rühren, bis keine Klümpchen mehr vorhanden sind.
❄ Sauce einmal kurz aufkochen, dann die Temperatur reduzieren und die Crème fraîche sowie den Dill einrühren.
❄ Die Kartoffeln zur Sauce geben und mit Salz und Pfeffer abschmecken.
❄ Die Dillkartoffeln noch etwa 5 Minuten ziehen lassen und zu den Linsen-Nuss-Bällchen servieren (siehe Seite 132).

Linsen-Nuss-Bällchen

Für 20 Linsen-Nuss-Bällchen
1 rote Zwiebel
2 Knoblauchzehen
2 EL Butter oder Rapsöl
175 g grüne Linsen (zum Beispiel Du-Puy-Linsen)
400 ml Wasser
100 g Haselnusskerne oder Walnusskerne
1 walnussgroßes Stück frischer Ingwer
1 Ei
4 EL Semmelbrösel
2 EL Sojasauce
2 EL milder Senf
1 EL flüssiger Honig
4 Msp frisch geriebene Muskatnuss
3 EL fein gehackte krause Petersilie
Meersalz
frisch gemahlener schwarzer Pfeffer
Butter oder Rapsöl zum Braten

❄ Zwiebel und Knoblauch schälen, fein hacken und in der heißen Butter anschwitzen.
❄ Die Linsen in einem zweiten Topf mit dem Wasser in 20 bis 25 Minuten weich kochen. Eventuell verbliebenes Kochwasser abgießen und die Linsen abkühlen lassen.
❄ Die Haselnusskerne in der trockenen Pfanne kurz anrösten.
❄ Den Ingwer schälen, grob würfeln und mit den Haselnusskernen im Mixbehälter der Küchenmaschine sehr fein zerkleinern.
❄ Linsen, Zwiebel und Knoblauch zur Nussmasse geben und gründlich pürieren.

- Die Linsenmasse in eine Schüssel füllen und das Ei, die Semmelbrösel, Sojasauce, den Senf, Honig und Muskat unterrühren. Die Petersilie hinzufügen und die Masse herzhaft mit Salz und Pfeffer abschmecken.
- Mit den Händen aus der Masse etwa zwanzig kleine Bällchen formen.
- Die Linsen-Nuss-Bällchen von beiden Seiten in heißer Butter in der Pfanne braten.

Tipp: Die Linsen-Nuss-Bällchen lassen sich gut am Vortag vorbereiten und passend zum Festmahl kurz im Backofen oder mit etwas Fett in der Pfanne erwärmen.
Dazu die braune Rahmsauce und Dillkartoffeln servieren (siehe Seiten 134 und 131).

Braune Rahmsauce

1 große Zwiebel
3 – 4 EL Butter oder Rapsöl
6 EL Weizenmehl (Type 1050)
550 ml Wasser
2 EL Sojasauce
1 EL heller Zuckerrübensirup
3 Msp frisch geriebene Muskatnuss
2 – 3 Msp gemahlener Kreuzkümmel
1 walnussgroßes Stück frischer Ingwer
100 ml Sahne
Meersalz
frisch gemahlener weißer Pfeffer

❄ Die Zwiebel schälen, fein hacken und in der heißen Butter leicht anbräunen.
❄ Das Mehl dazugeben und unter ständigem Rühren so lange braten, bis es eine dunkelgoldene Farbe angenommen hat.
❄ Das Wasser in kleinen Portionen unterrühren. So lange rühren, bis keine Klümpchen mehr vorhanden sind.
❄ Sojasauce, Zuckerrübensirup, Muskat und Kreuzkümmel unterrühren.
❄ Den Ingwer schälen und mit der feinen Rohkostreibe direkt in die Sauce reiben.
❄ Die Sauce unter Rühren zum Kochen bringen. Die Temperatur reduzieren und die Sahne unterrühren. Die Sauce mit Salz und Pfeffer abschmecken und nochmals 5 Minuten ziehen lassen.

Norwegisches Fladenbrot

Für 8 Fladenbrote
250 g Kartoffeln
250 g Roggenmehl
250 g Weizenmehl (Type 1050)
1 TL Weinsteinbackpulver
1 TL Meersalz
3 EL Rapsöl oder Sonnenblumenöl
etwa 150 ml Wasser
Butter oder Rapsöl zum Braten

❄ Kartoffeln schälen und auf der feinen Rohkostreibe reiben. Anschließend mit Mehl, Backpulver, Salz und Öl verrühren.
❄ Nach und nach das Wasser dazugeben und so lange kneten, bis der Teig geschmeidig ist.
❄ Den Teig zur Kugel formen, in Frischhaltefolie einschlagen und mindestens über Nacht, noch besser 24 Stunden im Kühlschrank ruhen lassen.
❄ Nach der Ruhezeit den Teig in acht etwa gleich große Stücke schneiden.
❄ Die Teigstücke zu Kugeln formen und diese auf der gut bemehlten Arbeitsfläche zu dünnen Fladen ausrollen.
❄ Die Fladen nacheinander von beiden Seiten in etwas Butter oder Öl in der Pfanne braten.
❄ Zum Servieren großzügig mit Dill-Senf-Sauce bestreichen (siehe Seite 136).

Tipp: Das Fladenbrot kann auch süß, mit etwas Zimt und Zucker bestreut, genossen werden. Falls die Zeit knapp ist oder die Zutaten für die Dillsauce nicht im Haus sind, bestreichen Sie die Brotfladen mit normaler Butter und überstreuen Sie sie mit etwas geriebenem Käse.

Dill-Senf-Sauce

2 Schalotten
200 g Joghurt
200 g saure Sahne
2 EL grobkörniger Senf
1 EL flüssiger Honig
2 – 3 EL fein gehackter Dill
1 EL Zitronensaft
Meersalz
frisch gemahlener weißer Pfeffer

- Die Schalotten schälen, fein hacken und mit dem Joghurt und der sauren Sahne verrühren.
- Senf, Honig, Dill und Zitronensaft zur Sauce geben.
- Die Sauce herzhaft mit Salz und Pfeffer abschmecken und zum frisch gebratenen Fladenbrot servieren (siehe Seite 135).

Tipp: Falls noch Reste von den Linsen-Nuss-Bällchen vorhanden sind (siehe Seite 132), servieren Sie diese am nächsten Tag mit Brot und eventuell ebenfalls verbliebenen Resten der Dill-Senf-Sauce.

Weihnachtsbrot

500 g Weizenmehl (Type 1050)
250 g Weizenvollkornmehl
150 g Roh-Rohrzucker
2 Päckchen Trockenhefe
2 Msp Meersalz
100 g fein gewürfeltes Zitronat
100 g fein gewürfeltes Orangeat
100 g Sultaninen
1 ½ TL gemahlener Kardamom
125 g weiche Butter oder Margarine
2 Eier
etwa 225 ml lauwarme Milch
3 – 4 EL Butter oder Margarine
2 EL gesiebter Puderzucker

❄ Mehl, Zucker, Hefe und Salz in einer großen Schüssel vermischen. Zitronat, Orangeat, Sultaninen und Kardamom dazugeben und unterrühren.
❄ In der Mitte der Mehlmischung eine Mulde ausformen, Butter sowie Eier hineingeben und diese von der Mitte her mit der Mehlmischung verrühren. Den Teig verkneten und dabei die Milch in kleinen Portionen nach und nach dazugeben. So lange kneten, bis der Teig geschmeidig ist und nicht mehr am Schüsselboden oder -rand festklebt.
❄ Den Teig mit etwas Mehl bestäuben und abgedeckt an einem warmen Ort 2 Stunden gehen lassen.
❄ Den Teig zu einem ovalen Brotlaib ausformen und auf ein mit Backpapier ausgelegtes Backblech geben.
❄ Nochmals 20 bis 30 Minuten gehen lassen.
❄ Das Weihnachtsbrot im Backofen bei 180 °C 50 bis 60 Minuten backen. Noch heiß mit der zerlassenen Butter bestreichen und mit dem Puderzucker überstreuen.

Pfefferkuchen

Für 4 Backbleche und etwa 65 Pfefferkuchen
250 g Butter oder Margarine
125 g heller Zuckerrübensirup
100 ml Sahne
250 g gesiebter Puderzucker
400 g Weizenmehl (Type 1050)
100 g gemahlene Mandeln
2 Msp Meersalz
2 TL Backnatron
2 TL gemahlene Gewürznelken
1 TL gemahlener Zimt
1 TL gemahlener Kardamom

❄ Die Butter grob würfeln und mit dem Zuckerrübensirup in einen Topf geben. Unter Rühren zum Kochen bringen, dann Sahne und Puderzucker dazugeben. So lange rühren, bis sich der Puderzucker komplett aufgelöst hat. Den Topf vom Herd nehmen und die Mischung abkühlen lassen.
❄ Die restlichen Zutaten miteinander vermischen.
❄ Buttermischung zur Mehlmischung geben und zu einem glatten, geschmeidigen Teig verkneten. Den Teig zur Kugel formen, in Frischhaltefolie einschlagen und 24 Stunden im Kühlschrank ruhen lassen. Der Teig lässt sich besser ausrollen, wenn Sie ihn vor dem Ausrollen zusätzlich 10 bis 15 Minuten in das Gefrierfach legen.
❄ Den etwas klebrigen Teig auf der sehr gut bemehlten Arbeitsfläche dünn ausrollen und mit einem umgedrehten Wasserglas oder weihnachtlichen Plätzchenformen ausstechen.
❄ Die Pfefferkuchen portionsweise auf ein mit Backpapier ausgelegtes Backblech legen und im Backofen bei 180 °C etwa 10 Minuten backen. In einem verschließbaren Gefäß halten sich die Pfefferkuchen bis zu vier Wochen.

Счастливого Рождества!

Schtschastlívogo Rozhdestvá!

Russland

Fasten, Feiern und Väterchen Frost

In Russland ist vieles anders. Auch, dass es dort am 24. Dezember keinen Heiligen Abend gibt. Das ist weniger durch kommunistische Tradition bedingt, als vielmehr dadurch, dass in Russland Weihnachten nach dem julianischen Kalender begangen wird. Während sich der katholische Westen ab 1582 in seiner Zeitrechnung nach dem gregorianischen Kalender richtet, blieb Russland bis 1918 beim alten julianischen Kalender. Demnach fällt *Sochelnik,* der Heilige Abend, auf den 6. Januar, mit dem die orthodoxe Weihnachtszeit, die sich bis zum 11. Januar, dem julianischen Neujahrstag, erstreckt, eingeleitet wird.

Gemäß den Vorschriften der russisch-orthodoxen Kirche findet vor dem Weihnachtsfest eine strenge vierzigtägige Fastenzeit statt, bei der die Gläubigen zum Verzicht auf Fleisch, Käse, Butter, Milch und Eier angehalten werden. Der Heilige Abend ist der letzte Fastentag und wird mit einem Gottesdienst sowie anschließenden Lichterprozessionen eingeleitet. Danach versammelt sich die Familie zum Weihnachtsessen, das traditionell ohne Fleisch ist. Als Symbol der Gemeinschaft wird *Sochivo,* ein süßer Getreidebrei, der mit Mandeln, Mohn und Honig verfeinert wird, gereicht. Nach alter Tradition wird in den Topf mit *Sochivo* eine Bohne gegeben. Wer die Bohne findet, dem wird ein glückliches neues Jahr prophezeit. Außer *Sochivo* werden *Blini,* eine Art Pfannkuchen, Gemüse-*Piroschki,* gefüllte Teigtaschen, und süße Weihnachts-*Piroschki* aufgetischt. Insgesamt sollen zwölf Gerichte auf dem Tisch stehen, was der Zahl der Apostel Jesu entspricht.

Der 7. Januar ist in Russland seit 1991 wieder ein Feiertag und beginnt mit der Frühmesse. Im Anschluss daran wird mit einem Festmahl in der Familie weitergefeiert. Die russischen Hausfrauen haben zuvor Tage in der Küche verbracht, um all die Spezialitäten vorzubereiten. Jetzt, nach Abschluss der Fastenzeit, stehen fleischhaltige Gerichte auf dem Weihnachtsprogramm wie mit Buchweizenbrei gefülltes Ferkel, Fisch in Aspik, Hase in Schmand, Gans oder Ente mit Apfel und Kohl. Dazu werden *Blini* und *Piroschki* gereicht. Nicht nur die Kinder freuen sich über süßes Gebäck und Süßigkeiten. Die Erwachsenen trinken Wodka dazu und prosten sich mit dem Spruch »Frohe christliche Weihnachten!« zu.

Neben dem russisch-orthodoxen Weihnachtsfest werden in Russland noch andere Traditionen zur Weihnachtszeit gepflegt. Mit der Revolution von 1917 wurde das christliche Weihnachten einst offiziell abgeschafft. Bestimmte Bräuche und Symbole waren jedoch so tief in der Bevölkerung verankert, dass man sie auf den Silvesterabend, den 31. Dezember, übertrug und damit am Leben erhielt. Am Nachmittag des 31. Dezembers wird demnach der *Jolka,* der Tannenbaum, ins Haus geholt und geschmückt. Auf der Baumspitze leuchtet der rote Stern, darunter werden Glaskugeln, Lametta, Papierschlangen, Bonbons und Schneeflocken aus Watte gehängt. Ab den späten Abendstunden versammelt man sich am reichlich gedeckten Tisch, um ausgelassen den Jahreswechsel zu feiern. Wenn um Mitternacht die Kremluhren schlagen, kommen die Feierlichkeiten so richtig in Schwung. Viele ältere Kinder weigern sich, in dieser Nacht ins Bett zu gehen, weil Väterchen Frost in Begleitung seiner Enkelin *Snegurotschka,* dem Schneemädchen, tief in der Nacht aus der verschneiten Taiga kommt, um die Geschenke unter den Tannenbaum zu legen. Während der langen Fahrt durch das verschneite Land wird Väterchen Frost durch einen eisblauen Pelzmantel und eine schneeweiße Pelzmütze gewärmt. Obwohl sein Schlitten, die *Troika,* nach wie vor von drei Rentieren gezogen wird, ist selbst bei Väterchen Frost das moderne Zeitalter angebrochen: Er besitzt inzwischen eine offizielle Postadresse in Weliki Ustjug, wo die Briefe der russischen Kinder entgegengenommen werden.

Weihnachtssuppe mit Zwiebelsauce

Weihnachtssuppe
2 Karotten
2 EL Sonnenblumenöl
500 g gemischte Speisepilze oder braune Champignons
250 ml Sauerkrautsaft
600 ml kräftige Gemüsebrühe
2 Lorbeerblätter
4 EL fein gehackter Schnittlauch
Meersalz
frisch gemahlener schwarzer Pfeffer

Zwiebelsauce
1 große Zwiebel
6 EL Sonnenblumenöl
4 EL Weizenmehl (Type 1050)

- Für die **Weihnachtssuppe** die Karotten schälen, fein würfeln und in einem Suppentopf im heißen Sonnenblumenöl anschwitzen.
- Die Pilze mit feuchtem Küchenkrepp säubern, in Scheiben schneiden und zu den Karotten geben. Pilze 2 bis 3 Minuten kräftig anbraten, dann mit dem Sauerkrautsaft ablöschen.
- Die Gemüsebrühe sowie die Lorbeerblätter hinzufügen. Die Suppe einmal kurz zum Kochen bringen, dann die Temperatur reduzieren und 30 Minuten köcheln lassen.
- Für die **Zwiebelsauce** die Zwiebel schälen, fein hacken und in einem kleinen Topf in 2 EL Sonnenblumenöl anbräunen. Die angebräunte Zwiebel zur Suppe geben.
- Weitere 4 EL Sonnenblumenöl im kleinen Topf erhitzen und das Mehl darin unter ständigem Rühren anbräunen.
- Das Mehl mit etwa drei Schöpfkellen Flüssigkeit von der Suppe glattrühren und zur Suppe geben.

- ❄ Die Suppe nochmals 10 bis 15 Minuten köcheln lassen.
- ❄ Vor dem Servieren die Lorbeerblätter entfernen, den Schnittlauch unterrühren und die Suppe mit Salz und Pfeffer abschmecken.

Tipp: Traditionell wird die Weihnachtssuppe mit einem Klecks saurer Sahne serviert.
Früher, als es in der Winterzeit an frischem Obst und Gemüse mangelte, wurde die Suppe mit getrockneten Pilzen zubereitet. Heute kann man auf Zuchtpilze zurückgreifen. Falls Sie den Geschmack der Suppe noch intensivieren möchten, können Sie vor der ersten Kochzeit 2 bis 3 EL getrocknete und zuvor 2 Stunden in Wasser eingeweichte Trockenpilze, zum Beispiel Steinpilze, dazugeben.

Pikante Buchweizenblini mit Pilzkaviar

Für etwa 9 Blini
Buchweizenblini
100 g Weizenmehl (Type 1050)
250 g Buchweizenmehl
1 TL Meersalz
1 Päckchen Trockenhefe
2 Eier
2 EL geschmolzene Butter
etwa 300 ml lauwarmes Wasser
1 Msp Meersalz
Butter oder Rapsöl zum Ausbacken

Pilzkaviar
1 mittelgroße Zwiebel
1 – 2 Knoblauchzehen
2 – 3 EL Butter oder Rapsöl
400 g gemischte Speisepilze nach Wahl (Champignons, Austernpilze, Seitlinge oder Shiitake)
50 ml Apfelsaft
½ TL Meersalz
3 – 4 EL fein gehackte krause Petersilie
2 EL fein gehackter Schnittlauch
1 EL fein gehackter Majoran
frisch gemahlener weißer Pfeffer
100 g Frischkäse
Meersalz

❄ Für die **Buchweizenblini** die beiden Mehlsorten mit dem Salz und der Hefe vermischen.
❄ Die Eier trennen und das Eiweiß im Kühlschrank kalt stellen.

- ❋ In der Mitte des Mehls eine Mulde ausformen und die geschmolzene Butter sowie das Eigelb hineingeben. Alles von der Mitte her zu einem glatten, geschmeidigen Teig verrühren, dabei nach und nach das Wasser zugeben. Teig so lange kneten, bis er nicht mehr am Schüsselboden oder -rand klebt.
- ❋ Den Teig abgedeckt an einem warmen Ort etwa 2 Stunden gehen lassen.
- ❋ Danach das Eiweiß mit dem Salz steif schlagen und unter den Teig heben.
- ❋ In der Pfanne etwa ein Zentimeter dicke Blini in heißer Butter ausbacken. Dafür pro Blini eine knapp gefüllte, große Schöpfkelle Teig in die heiße Pfanne geben.
- ❋ Für den **Pilzkaviar** die Zwiebel und den Knoblauch schälen, fein hacken und in der heißen Butter anschwitzen.
- ❋ Die Pilze entweder sehr fein würfeln oder mit der Küchenmaschine zerkleinern.
- ❋ Die Pilze zur Zwiebel in die Pfanne geben und kurz anbraten. Pilze mit dem Apfelsaft ablöschen und das Salz hinzufügen. Die Temperatur etwas reduzieren und die Pilze so lange schmoren, bis die Flüssigkeit so gut wie verkocht ist.
- ❋ Die Kräuter unterrühren, mit Pfeffer würzen und die Pilzmasse abkühlen lassen.
- ❋ Vor dem Servieren den Frischkäse unter die Pilzmasse ziehen und den Pilzkaviar eventuell mit noch etwas Salz und Pfeffer abschmecken.
- ❋ Den Pilzkaviar entweder zu den noch heißen oder schon abgekühlten Blini servieren.

Mit Kartoffeln gefüllte Piroggen

Für 16 Piroggen

Vorteig

1 Würfel frische Hefe (42 g)
1 EL Roh-Rohrzucker
50 ml lauwarmes Wasser
4 EL Weizenmehl (Type 1050)

Teig

400 g Weizenmehl (Type 1050)
1 – 2 TL Meersalz
3 EL Sonnenblumenöl
2 Eier
etwa 50 ml lauwarme Milch

Kartoffelfüllung

2 Zwiebeln
2 – 3 Knoblauchzehen
2 EL Sonnenblumenöl
600 g Kartoffeln
Meersalz
5 EL saure Sahne
4 EL fein gehackte krause Petersilie
3 – 4 Msp frisch geriebene Muskatnuss
frisch gemahlener weißer Pfeffer

2 EL Sonnenblumenöl

❄ Für den **Vorteig** die Hefe in einer kleinen Schüssel zerkrümeln und mit Zucker und Wasser verrühren, wodurch die Hefe flüssig wird. Das Weizenmehl zur Hefe geben und den Vorteig abgedeckt an einem warmen Ort 20 Minuten gehen lassen.

❄ Für den **Teig** das Mehl mit dem Salz vermischen. In der Mitte des Mehls eine Mulde ausformen und das Sonnenblumenöl sowie die aufgeschlagenen Eier hineingeben. Die Eier etwas verquirlen.
❄ Den Vorteig und die Milch ebenfalls in die Mulde geben und alles von der Mitte her zu einem glatten Teig verkneten. So lange kneten, bis der Teig nicht mehr am Schüsselboden oder -rand klebt.
❄ Den Teig abgedeckt an einem warmen Ort etwa 2 Stunden gehen lassen.
❄ Für die **Kartoffelfüllung** die Zwiebeln und den Knoblauch schälen, klein schneiden und im heißen Öl leicht anbräunen. Danach abkühlen lassen.
❄ Die Kartoffeln schälen, würfeln und in Salzwasser sehr weich kochen. Das Wasser abgießen, die Kartoffeln kurz ausdampfen lassen und mit einem Kartoffelstampfer oder einer Gabel zu Brei zermusen.
❄ Zwiebelmischung, saure Sahne, Petersilie und Muskat zur Kartoffelmasse geben und unterrühren. Die Füllung herzhaft mit Salz und Pfeffer abschmecken.
❄ Den Teig auf der bemehlten Arbeitsfläche zu einer etwa fünfundzwanzig Zentimeter langen Rolle formen. Die Rolle in acht Scheiben schneiden, diese halbieren. Die Teigstücke zu etwa gleich großen Rechtecken ausrollen.
❄ Auf die obere Hälfte jedes Teigrechtecks jeweils etwas Füllung setzen. Jeweils die untere Hälfte darüberklappen und die Ränder fest andrücken.
❄ Die Piroggen auf zwei mit Backpapier ausgelegte Backbleche legen, mit dem Sonnenblumenöl bestreichen und nochmals etwa 20 Minuten gehen lassen.
❄ Danach im Backofen bei 200 °C etwa 20 Minuten backen, bis die Oberflächen leicht gebräunt sind.
❄ Noch heiß oder auch kalt servieren.

Teigklößchen mit Sauerkraut

Für 8 Teigklößchen
Vorteig
½ Würfel frische Hefe (21 g)
1 EL Roh-Rohrzucker
25 ml lauwarmes Wasser
2 – 3 EL Weizenmehl (Type 1050)

Teig
175 g Weizenmehl (Type 1050)
75 g Weizenvollkornmehl
1 TL Meersalz
2 EL Sonnenblumenöl
etwa 100 ml lauwarmes Wasser

Sauerkraut
2 Zwiebeln
2 – 3 EL Butter oder Sonnenblumenöl
500 g Weinsauerkraut
100 ml Apfelsaft
2 Lorbeerblätter
3 – 4 Msp scharfes Paprikapulver
5 EL Sonnenblumenkerne
Meersalz
frisch gemahlener schwarzer Pfeffer

Butter oder Öl für die Auflaufform

❄ Für den **Vorteig** die Hefe in einer kleinen Schüssel zerkrümeln und mit dem Zucker überstreuen. Das Wasser hinzugeben und so lange rühren, bis sich die Hefe verflüssigt hat. Das Mehl zur Hefe geben und den Vorteig abgedeckt an einem warmen Ort 20 Minuten gehen lassen.

- Für den **Teig** Mehl mit Salz verrühren. In der Mitte des Mehls eine Mulde ausformen, Sonnenblumenöl sowie Vorteig hineingeben und von der Mitte her verkneten. Während des Knetens das Wasser in kleinen Portionen nach und nach hinzufügen. So lange kneten, bis der Teig geschmeidig ist.
- Den Teig abgedeckt an einem warmen Ort etwa 2 Stunden gehen lassen.
- Danach den Teig auf der bemehlten Arbeitsfläche zu einem etwa zwei Zentimeter dicken Rechteck ausrollen. Das Rechteck in acht etwa gleich große Stücke schneiden. Diese zu kleinen Bällchen formen und auf ein mit Backpapier ausgelegtes Backblech legen.
- Die Teigbällchen abgedeckt an einem warmen Ort nochmals 30 bis 40 Minuten gehen lassen.
- Teigbällchen im Backofen bei 180 °C etwa 20 Minuten backen, bis sie leicht gebräunt sind. Vor der Weiterverwendung vollständig auskühlen lassen.
- Für das **Sauerkraut** die Zwiebeln schälen, fein hacken und in der Butter anschwitzen. Das abgetropfte Sauerkraut dazugeben und kurz anbraten. Den Apfelsaft sowie die Lorbeerblätter hinzufügen und alles etwa 15 Minuten schmoren.
- Danach die Lorbeerblätter entfernen, das Paprikapulver sowie die Sonnenblumenkerne dazugeben und das Sauerkraut mit Salz und Pfeffer abschmecken.
- Zweieinhalb Liter kochend heißes Wasser in eine Schüssel gießen.
- Die Klößchen in das Wasser legen, 2 bis 3 Minuten unter mehrmaligem Wenden ziehen lassen, dann mit einem Schaumlöffel aus der Schüssel nehmen. Die Klößchen sollten gut angefeuchtet, doch auf keinen Fall durchgeweicht sein.
- Die Teigklößchen jeweils vierteln, in eine gut gefettete Auflaufform geben und mit dem heißen Sauerkraut vermischen.
- Auflauf im Backofen bei 200 °C nochmals 10 bis 15 Minuten erhitzen.

Süßer Getreidebrei mit Mohn und Nüssen

200 g Buchweizen
500 ml Wasser
150 g Rosinen
100 g fein gemahlener Mohn
100 g gemahlene Walnusskerne oder Mandeln
80 ml (100 g) flüssiger Honig

- ❄ Buchweizen mit dem Wasser übergießen und unter gelegentlichem Rühren in 25 bis 30 Minuten bissfest kochen.
- ❄ Die Rosinen während der letzten 10 Minuten der Kochzeit dazugeben.
- ❄ Die Buchweizenkörner abkühlen lassen.
- ❄ Buchweizen mit dem Mohn und den Walnusskernen vermischen.
- ❄ Den Honig unterrühren und den Getreidebrei servieren.

Tipp: Statt Buchweizen können Sie auch andere Getreidearten wie Reis verwenden.
Sochivo – der süße Getreidebrei mit Mohn und Nüssen – ist eine Festspeise, mit der in Russland früher die vierzig Tage dauernde Fastenzeit beendet wurde. Reiche Familien verwendeten zur Zubereitung Weizen, die Landbevölkerung hingegen Buchweizen oder andere Getreidearten. *Sochivo* symbolisiert Ruhe und Unsterblichkeit.

Russische Schneebällchen

Für 30 bis 32 Schneebällchen
300 g Weizenmehl (Type 1050)
150 g gemahlene Haselnusskerne
50 g gesiebter Puderzucker
1 Msp Meersalz
200 g raumtemperierte Butter oder Margarine
1 Vanilleschote
2 EL Eiswasser oder Wodka
etwa 100 g gesiebter Puderzucker

- Die trockenen Zutaten in einer Schüssel vermischen.
- Die Butter in Flöckchen, das ausgekratzte Mark der Vanilleschote sowie das Eiswasser zu dieser Mehlmischung geben. So lange am besten mit den Händen kneten, bis der Teig geschmeidig ist.
- Vom Teig walnussgroße Stücke abstechen und diese mit den Händen zu kleinen Bällchen formen. Die Teigbällchen auf ein mit Backpapier ausgelegtes Backblech legen.
- Im Backofen bei 180 °C 18 bis 20 Minuten backen, bis die Bällchen leicht gebräunt sind.
- Die Schneebällchen nach dem Abkühlen im Puderzucker wälzen.

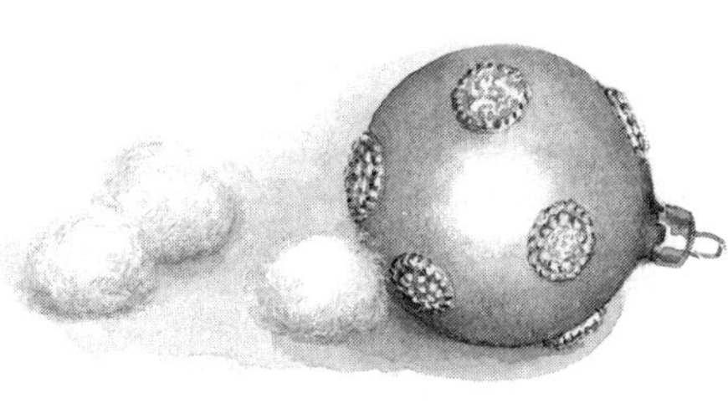

Die Autorin

Heike Kügler-Anger wuchs am nördlichen Rand des Ruhrgebietes auf, lebte jeweils ein paar Jahre in Ostwestfalen, am Kaiserstuhl bei Freiburg sowie in Leipzig und ist nun seit gut zehn Jahren im Odenwald sesshaft geworden. In ihrer Küche mit Blick auf Felder, Wiesen und Nachbars Kühe probiert sie immer wieder neue Rezepte aus, die sie in ihren Kochbüchern und Kochkursen weitergibt. An den Weihnachtsfeiertagen genießt sie nicht nur gutes Essen und nette Gesellschaft, sondern unternimmt Wanderungen im winterlichen Odenwald, die durch einen anschließenden ausgiebigen Saunagang abgerundet werden. So ist Weihnachten auch für sie immer eine ganz wunderbare Jahreszeit.

Von Heike Kügler-Anger sind im pala-verlag bereits erschienen:

Vegetarisch kochen – französisch
Milchfrei und schnell gekocht
Käse veganese
Cucina vegana
Vegan unterwegs

Rezeptindex

Andere Bücher aus dem pala-verlag

Herbert Walker:
Vollwertige Weihnachtsbäckerei
ISBN: 978-3-89566-246-1

Lena Brorsson Almiger:
Vegetarisch Jul
ISBN: 978-3-89566-245-4

Heike Kügler-Anger:
Milchfrei und schnell gekocht
ISBN: 978-3-89566-232-4

Jutta Grimm:
Brotaufstriche selbst gemacht
ISBN: 978-3-89566-248-5

Köstliches aus der Backstube

Herbert Walker:
Vollwertkuchen mit Pfiff
ISBN: 978-3-89566-217-1

Claudia Schmidt:
Brot und Brötchen
ISBN: 978-3-89566-221-8

Angelika Eckstein:
Vegan backen
ISBN: 978-3-89566-239-3

Simone Stefka:
Glutenfrei backen
ISBN: 978-3-89566-226-3

Vegetarisches aus aller Welt

Kerstin Lautenbach-Hsu:
Vegetarisch kochen – chinesisch
ISBN: 978-3-89566-259-1

Dourali / Durali-Müller:
Vegetarisch kochen – persisch
ISBN: 978-3-89566-233-1

Heike Kügler-Anger:
Cucina vegana
ISBN: 978-3-89566-247-8

Heike Kügler-Anger:
Vegetarisch kochen – französisch
ISBN: 978-3-89566-224-9

ISBN: 978-3-89566-265-2

Rheinstraße 35, 64283 Darmstadt
www.pala-verlag.de

Illustrationen und Umschlaggestaltung: Margret Schneevoigt
Lektorat: Angelika Eckstein

Druck: fgb • freiburger graphische betriebe
www.fgb.de
Printed in Germany

Dieses Buch ist klimaneutral produziert.

Print CO_2 geprüft